ΤΟ ΑΞΙΟΝ ΕΣΤΙ

✦

THE AXION ESTI

An International Poetry Forum Selection

Μετάφραση καὶ σημειώσεις

Ἔντμουντ Κήλυ καὶ Γιώργου Σαββίδη

Translated and Annotated by

EDMUND KEELEY and GEORGE SAVIDIS

ΟΔΥΣΣΕΑ ΕΛΥΤΗ

ΤΟ ΑΞΙΟΝ ΕΣΤΙ

✦

THE AXION ESTI

ODYSSEUS ELYTIS

UNIVERSITY OF PITTSBURGH PRESS

"The Genesis" is reprinted, in slightly revised form, from *Poetry*, © October 1964 by The Modern Poetry Association, and appears here by permission of the Editor of *Poetry*. An earlier translation of "The Gloria" was first published in *Agenda*, Winter 1969, and is reprinted by permission of the Editor.

The Greek text, © 1959 by Odysseus Elytis, was reproduced by photo-offset from the first edition of the poem, published by The Ikaros Publishing Company, whose assistance we gratefully acknowledge.

Edmund Keeley expresses his gratitude to the John Simon Guggenheim Memorial Foundation for assisting him with a grant during the preparation of this translation.

Library of Congress Cataloging in Publication Data

Elytis, Odysseus
Tò ἄξιον ἐστί. The axion esti.

(Pitt poetry series)
"An International Poetry Forum selection."
Includes bibliographical references.
I. Keeley, Edmund, tr. II. Savidis, George,
1929–   tr. III. Title. Title romanized: To axion
esti.
PA5610.E43A96   1974   889'.1'32   74-4521
ISBN 0-8229-3283-0
ISBN 0-8229-5252-1 (pbk.)

Publication of this book has been made possible by a grant

from Tasso and Jane Katselas

and by a special grant

from the Greek Orthodox Archdiocese

of North and South America

in memory of His Holiness Patriarch Athenagoras I.

For Mary and Lena,

who first brought the translators together

Πλεονάκις ἐπολέμησάν με ἐκ νεότητός μου,

καὶ γὰρ οὐκ ἠδυνήθησάν μοι.

ΨΑΛΜΟΣ ΡΚΗ΄

Many a time have they afflicted me from my youth:

yet they have not prevailed against me.

PSALM 129:2

CONTENTS

XI   Foreword

XIII   Preface

Η ΓΕΝΕΣΙΣ   1   THE GENESIS

ΤΑ ΠΑΘΗ   27   THE PASSION

ΤΟ ΔΟΞΑΣΤΙΚΟΝ   117   THE GLORIA

151   Notes

FOREWORD

The hope of the International Poetry Forum is to be no less international than poetry itself. To be sure, such a hope invites certain practical limitations. While poetry has the destiny of speaking to all men at all times, the International Poetry Forum concerns itself with bringing particular poets into contact with as many people as possible right now. While poetry speaks ultimately from and to the common nationality of flesh and blood, the International Poetry Forum attempts in a proximate way to permit poets of different nationalities and alphabets to have their work known and understood by people of nationalities and alphabets other than their own.

To help achieve this goal the International Poetry Forum has initiated a series of foreign selections. These selections provide for the publication of American translations of some of the works of foreign poets and the distribution of such books throughout the United States, Europe, and the poets' homelands.

The Axion Esti by Odysseus Elytis, which has been named by poets and Greek scholars alike as one of the major Greek poems of this century, is the seventh in this series, the first six having been the Turkish Selection (*Selected Poems* by Fazıl Hüsnü Dağlarca, translation by Talât Halman) in 1968; the Syria-Lebanon Selection (*The Blood of Adonis* by Adonis, or Ali Ahmed Said, translation by Samuel Hazo) in 1971; the Swedish Selection (*Windows and Stones* by Tomas Tranströmer, translation by May Swenson) in 1972; the Israeli Selection (*A Canopy in the Desert* by Abba Kovner, translation by Shirley Kaufman) in 1973; the Jamaican Selection (*Uncle Time* by Dennis Scott) in 1973; and *Eskimo Poems from Canada and Greenland* (translation by Tom Lowenstein) in 1974.

SAMUEL HAZO, *Director*
International Poetry Forum

PREFACE

Odysseus Elytis, who first established his reputation as a gifted lyricist in the late thirties and early forties, ended more than a decade of silence with the publication of *The Axion Esti* in December 1959. The poem, clearly his most ambitious work to that date and since, earned a mixed reception from Greek critics when it first appeared and still remains a subject of controversy. Nevertheless, it earned the First National Award for Poetry in 1960 and became one of the most widely read volumes of verse to have appeared in Greece since World War II (now in its seventh edition) and a continuing favorite among younger readers of poetry.

The Axion Esti can perhaps be taken best as a kind of spiritual autobiography which attempts to dramatize the national and philosophical extensions of a highly personal sensibility. The poet's strategy — reminiscent of Whitman's in *Song of Myself* and Sikelianos's in *Prologue to Life* — is to present an image of the contemporary Greek consciousness through the developing perspective of a first-person persona who is at once the poet himself and the voice of his country. The first section of the poem, "The Genesis," depicts the birth and growing awareness of this half-mythical first person as it comes to know "this small world the Great"; the second section, called "The Passion," focuses on the persona's less innocent experience of World War II and its tragic aftermath; the third section, "The Gloria," celebrates in a long hymn of praise the sensual and spiritual vitality the enlightened persona finds in the world that still remains open to him after he has gained the knowledge of human evil and human sacrifice in his country's recent history.

The pervasive theme of the poem is that the measure of man's humanity resides in his ability to hold opposites in just relation, his ability to survive as neither angel nor devil, sensualist nor saint, but as something beyond the two, something that can assimilate both. What most clearly defines the contemporary Greek sensibility, it would seem, is its capacity for balancing the world of the senses and the world of the spirit. The surviving consciousness the persona represents is that which can see the holiness, the "forever," even in ephemeral objects and sensations that are rooted in Elytis's "small world the Great."

In each of the three sections, the "autobiographical" elements —

xiii

those having to do with the growth of the poet's imagination and knowledge in response to the felt life around him—are colored constantly by allusion to the historical and literary tradition of Greece. Elytis's sources range from Homer and Heraclitus to the Byzantine hymnographers, the demotic poets of the nineteenth century, and the surrealist poets of the twentieth century. And his evocation of contemporary history—especially that of the Albanian campaign, the German occupation, and the civil war in "The Passion"—continually echoes the earlier history of the Turkish occupation and the War of Independence. The same attempt to identify the contemporary consciousness with its antecedents in the Greek tradition determines the form and style of the poem in a number of places. The tone, diction, and structure of individual segments often reflect parts of the Greek Orthodox liturgy, and there are passages in the poem that deliberately echo folk songs, the poems and prose of Solomos, or the memoirs of General Makriyannis. But the controlling voice throughout remains that of a mature Elytis, sometimes self-indulgent, sometimes grandiloquent, but generally singing out the surrealist lyricism of his early verse in a purified, elevated form that reveals new power and depth.

The problems of rendering a voice so rich in traditional echoes alien to English and so subjectively rhetorical are unusually acute. We have tried to diminish one inevitable form of distortion by not attempting to duplicate the intricate formal patterns of some of the lyrics in "The Passion" (these can be discerned at least visually through a glance at the Greek text *en face*), though we do offer a metrical equivalent of Elytis's loose tetrameter in "The Gloria." We have also resisted—with a few exceptions—the temptation to use the idiom and tone of the King James Version of the Bible in rendering passages influenced by the Greek Orthodox liturgy, which is not at all "biblical" in ways parallel to a Jacobean text. On the other hand, we have tried to find a relevant English parallel for the earthy nineteenth-century demotic in several of the "Readings" in "The Passion." Generally, our aim throughout the poem has been to create a rhetorical equivalent that sounds natural and contemporary in English, even if sometimes a bit abstract or hyperbolic by comparison to the language normal to poetry in the English-speaking world since Pound and Eliot and Auden established what has become the contemporary idiom in their tradition. To deny Elytis his flourishes and hyperboles would be to translate him dishonestly (as would be true of a Greek translator rendering, say, Dylan Thomas). At the same time, we have to acknowledge that any mode of translating poetry

xiv

that depends so heavily on the resources of sound, rhythmic change, and localized idiom is certain to do the original one kind of injustice or another. We have chosen what we take to be the lesser of possible evils by not presuming to offer our own arbitrary and foreign patterns of sound, rhythm, or idiom in a doomed effort to imitate the Greek poet more or less literally.

The first and third sections of this translation have been somewhat revised since their publication, respectively, in *Poetry* (October 1964) and *Agenda* (Winter 1969). "The Passion" is published here for the first time. Our work on this section was assisted in the first instance by Amy Mims, who provided us with a helpful version and who should be regarded as a silent collaborator in preparing our earliest draft of this section. We also found useful hints in the version presented by George Niketas as a doctoral dissertation at the University of Georgia (*DA*, 1967: 67–16235), which also provides a commentary on the poem and extensive notes. Further critical commentary can be found in the issue of *Poetry* mentioned above, in *To Axion Esti tou Elyti (The Axion Esti of Elytis)* by Tassos Lignadis (Athens, 1971), and particularly in an article by Professor D. N. Maronitis in *Epoches,* September 1965. The Greek edition of *The Axion Esti* is not annotated, but the poet has written a detailed commentary for private use. Our notes here, based in part on this commentary, are intended to provide only the kind of information that may prove particularly helpful to the English reader of the poem, and this without pretension to critical interpretation.

Athens, Greece   EDMUND KEELEY
July 1973   GEORGE SAVIDIS

Η ΓΕΝΕΣΙΣ

THE GENESIS

ΣΤΗΝ ΑΡΧΗ τὸ φῶς Καὶ ἡ ὥρα ἡ πρώτη
                    ποὺ τὰ χείλη ἀκόμη στὸν πηλὸ
                    δοκιμάζουν τὰ πράγματα τοῦ κόσμου
Αἷμα πράσινο καὶ βολβοὶ στὴ γῆ χρυσοί
Πανωραία στὸν ὕπνο της ἅπλωσε καὶ ἡ θάλασσα
γάζες αἰθέρος τὶς ἀλεύκαντες
κάτω ἀπ' τὶς χαρουπιὲς καὶ τοὺς μεγάλους ὄρθιους φοίνικες
                    Ἐκεῖ μόνος ἀντίκρισα
                    τὸν κόσμο
                    κλαίγοντας γοερά
Ἡ ψυχή μου ζητοῦσε Σηματωρὸ καὶ Κήρυκα
                    Εἶδα τότε θυμᾶμαι
                    τὶς τρεῖς Μαῦρες Γυναῖκες
νὰ σηκώνουν τὰ χέρια κατὰ τὴν Ἀνατολή
Χρυσωμένη τὴ ράχη τους καὶ τὸ νέφος ποὺ ἄφηναν
λίγο-λίγο σβήνοντας
                    δεξιά Καὶ φυτὰ σχημάτων ἄλλων
Ἦταν ὁ ἥλιος μὲ τὸν ἄξονά του μέσα μου
πολυάχτιδος ὅλος ποὺ καλοῦσε Καὶ
αὐτὸς ἀλήθεια ποὺ ἤμουνα Ὁ πολλοὺς αἰῶνες πρίν
Ὁ ἀκόμη χλωρὸς μὲς στὴ φωτιά Ὁ ἄκοπος ἀπ' τὸν οὐρανό
                    Ἔνιωσα ἦρθε κι ἔσκυψε
                    πάνω ἀπ' τὸ λίκνο μου
ἴδια ἡ μνήμη γινάμενη παρὸν
τὴ φωνὴ πῆρε τῶν δέντρων, τῶν κυμάτων:
                    "Ἐντολή σου, εἶπε, αὐτὸς ὁ κόσμος
                    καὶ γραμμένος μὲς στὰ σπλάχνα σου εἶναι
                    Διάβασε καὶ προσπάθησε
                    καὶ πολέμησε„ εἶπε
"Ὁ καθεὶς καὶ τὰ ὅπλα του„ εἶπε
Καὶ τὰ χέρια του ἅπλωσε ὅπως κάνει
νέος δόκιμος Θεὸς γιὰ νὰ πλάσει μαζὶ ἀλγηδόνα κι εὐφροσύνη.
                    Πρῶτα σύρθηκαν μὲ δύναμη
                    καὶ ψηλὰ πάνω ἀπὸ τὰ μπεντένια ξεκαρφώθηκαν πέφτοντας
                    οἱ Ἑφτὰ Μπαλτάδες

IN THE BEGINNING the light And the first hour
                         when lips still in clay
                         try out the things of the world
           Green blood and bulbs golden in the earth
           And the sea, so exquisite in her sleep, spread
           unbleached gauze of sky
           under the carob trees and the great upright palms
                         There alone I faced
                         the world
                         wailing loudly
My soul called out for a Signalman and Herald
                         I remember seeing then
                         the three Black Women
           raising their arms toward the East
           Their backs gilded, and the cloud they were leaving behind
           slowly fading
                         to the right And plants of other shapes
           It was the sun, its axis in me
           many-rayed, whole, that was calling And
the One I really was, the One of many centuries ago
the One still verdant in the midst of fire, the One still tied to heaven
                         I could feel coming to bend
                         over my cradle
And his voice, like memory become the present,
assumed the voice of the trees, of the waves:
                         "Your commandment," he said, "is this world
                         and it is written in your entrails
                         Read and strive
                         and fight," he said
"Each to his own weapons," he said
And he spread his hands as would
a young novice God creating pain and mirth together
           First the Seven Axes, wrenched with force,
           pried loose from high up in the battlements,
           fell to the ground

3

κατὰ πῶς ἡ Καταιγίδα
στὸ σημεῖο μηδὲν ὅπου εὐωδιάζει
ἀπ' ἀρχῆς πάλι ἕνα πουλὶ

καθαρὸ παλιννοστοῦσε τὸ αἷμα
καὶ τὰ τέρατα ἔπαιρναν τὴν ὄψη ἀνθρώπου
                    Τόσο εὔλογο τὸ Ἀκατανόητο
Ὕστερα καὶ οἱ ἄνεμοι ὅλοι τῆς φαμίλιας μου ἔφτασαν
τ' ἀγόρια μὲ τὰ φουσκωμένα μάγουλα
καὶ τὶς πράσινες πλατιὲς οὐρὲς ὅμοια Γοργόνες
                    καὶ ἄλλοι γέροντες γνώριμοι παλαιοὶ
                    ὀστρακόδερμοι γενειοφόροι
Καὶ τὸ νέφος ἐχώρισαν στὰ δύο Καὶ αὐτὸ πάλι στὰ τέσσερα
καὶ τὸ λίγο ποὺ ἀπόμεινε φύσηξαν καὶ ξαπόστειλαν στὸ Βορρᾶ
Μὲ πλατὺ πάτησε πόδι στὰ νερὰ καὶ ἀγέρωχος ὁ μέγας Κοῦλες
Ἡ γραμμὴ τοῦ ὁρίζοντα ἔλαμψε
ὁρατὴ καὶ πυκνὴ καὶ ἀδιαπέραστη

                    ΑΥΤΟΣ ὁ πρῶτος ὕμνος.

ΚΑΙ ΑΥΤΟΣ ἀλήθεια ποὺ ἤμουνα Ὁ πολλοὺς αἰῶνες πρίν
Ὁ ἀκόμη χλωρὸς μὲς στὴ φωτιά Ὁ Ἀχειροποίητος
                    μὲ τὸ δάχτυλο ἔσυρε τὶς μακρινὲς
                    γραμμὲς
ἀνεβαίνοντας κάποτε ψηλὰ μὲ ὀξύτητα
καὶ φορὲς πιὸ χαμηλὰ οἱ καμπύλες ἀπαλὲς
                    μία μέσα στὴν ἄλλη
στεριὲς μεγάλες ποὺ ἔνιωσα
νὰ μυρίζουνε χῶμα ὅπως ἡ νόηση
                    Τόσο ἦταν ἀλήθεια
                    ποὺ πιστὰ μ' ἀκολούθησε τὸ χῶμα
ἔγινε σὲ μεριὲς κρυφὲς πιὸ κόκκινο
καὶ ἀλλοῦ μὲ πολλὲς μικρὲς πευκοβελόνες

4

                              as in the great Storm
                              at its zero point
                              where a bird gives forth its fragrance
                              from the beginning again
the blood was homing clean
and the monsters were taking on a human shape
                              So very manifest, the Incomprehensible
        Then all the winds of my family arrived too
        the boys with puffed-out cheeks
        and tails green and broad, mermaidlike
                              and others, old men: familiar, ancient
                              shell-skinned, bearded
        And they parted the cloud in two, and these again into four
        and what little remained they blew away, chasing it off to the North
        With broad foot and proudly, the great Tower tread the waters
The line of the horizon flashed
so visible, so dense and impenetrable

                              THIS the first hymn.

AND THE ONE I really was, the One of many centuries ago,
the One still verdant in the midst of fire, the One not made by human hand,
                              drew with his finger the distant
                              lines
        sometimes rising sharply to a height
        sometimes lower: the curves gentle
                              one inside the other
land masses that made me feel
the smell of earth like understanding
                              So real it was
                              that the earth followed me faithfully
        becoming redder in secret places
        and elsewhere full of tiny pine needles

                                 5

Ὕστερα πιὸ νωχελικὰ

          οἱ λόφοι οἱ κατωφέρειες

ἄλλοτε καὶ τὸ χέρι ἀργὸ σὲ ἀνάπαυση

          τὰ λαγκάδια οἱ κάμποι

  κι ἄξαφνα πάλι βράχοι ἄγριοι καὶ γυμνοὶ

δυνατὲς πολὺ παρορμήσεις

  Μιὰ στιγμὴ ποὺ ἐστάθηκε νὰ στοχαστεῖ

          κάτι δύσκολο ἢ κάτι τὸ ὑψηλό:

          ὁ Ὄλυμπος, ὁ Ταΰγετος

          "Κάτι ποὺ νὰ σοῦ σταθεῖ βοηθὸς

          καὶ ἀφοῦ πεθάνεις„ εἶπε

  Καὶ στὶς πέτρες μέσα τράβηξε κλωστὲς

  κι ἀπ' τὰ σπλάχνα τῆς γῆς ἀνέβασε σχιστόλιθο

  ἕνα γύρο σ' ὅλη τὴν πλαγιὰ τὰ πλατιὰ στερέωσε σκαλοπάτια

Ἐκεῖ μόνος ἀπίθωσε

          κρῆνες λευκὲς μαρμάρινες

          μύλους ἀνέμων

          τρούλους ρόδινους μικροὺς

          καὶ ψηλοὺς διάτρητους περιστεριῶνες

Ἀρετὴ μὲ τὶς τέσσερεις ὀρθὲς γωνίες

Κι ἐπειδὴ συλλογίστηκεν ὡραῖα ποὺ εἶναι στὴν ἀγκαλιὰ ὁ ἕνας τοῦ ἄλλου

  γέμισαν ἔρωτα οἱ μεγάλες γοῦρνες

  ἀγαθὰ σκύψανε τὰ ζῶα μοσκάρια καὶ ἀγελάδες

  σὰ νὰ μὴν ἤτανε στὸν κόσμο πειρασμὸς κανένας

  καὶ νὰ μὴν εἶχαν γίνει ἀκόμη τὰ μαχαίρια

"Ἡ εἰρήνη θέλει δύναμη νὰ τὴν ἀντέξεις„ εἶπε

  καὶ στροφὴ γύρω του κάνοντας μ' ἀνοιχτὲς παλάμες ἔσπειρε

          φλόμους κρόκους καμπανοῦλες

          ὅλων τῶν εἰδῶν τῆς γῆς τ' ἀστέρια

  τρυπημένα στὸ ἕνα φύλλο τους γιὰ σημεῖο καταγωγῆς

          καὶ ὑπεροχὴ καὶ δύναμη

ΑΥΤΟΣ

ὁ κόσμος ὁ μικρός, ὁ μέγας !

Then, more nonchalantly,

                  the hills, the slopes,
and later, with the hand slowly in repose,

                  the valleys, the plains,
and again, suddenly, rocks wild and barren
those of forceful impulses

    He stopped a moment to ponder things

                  difficult or lofty:

                  Olympus, Taygetus were born

                  "Something that will stand by you

                  even after your death," he said
And he drew thread through the stones
and brought forth slate from the entrails of the earth
laid broad steppingstones all around the slope
There, alone, he placed

                  white marble fountains

                  mills of wind

                  tiny pink cupolas

                  and tall perforated dovecotes
Virtue with its four right angles
And since he thought it beautiful for each to be in another's arms
    the large watering troughs filled with love
    the cattle lowered their heads gently, calves and cows
    as though the world held no temptations
    as though knives were yet unknown
"To endure peace you need strength," he said
    and swinging around with palms open he sowed

                  mullein, crocuses, bluebells

                  all variety of earthly stars
    and cut into one leaf of each, as a mark of their origin,

                  their superiority and strength:

THIS WORLD
this small world the great!

ΑΛΛΑ ΠΡΙΝ ἀκούσω ἀγέρα ἢ μουσικὴ
που κινοῦσα σὲ ξάγναντο νὰ βγῶ
(μιὰν ἀπέραντη κόκκινη ἄμμο ἀνέβαινα
μὲ τὴ φτέρνα μου σβήνοντας τὴν Ἱστορία)
πάλευα τὰ σεντόνια Ἦταν αὐτὸ ποὺ γύρευα
καὶ ἀθῶο καὶ ριγηλὸ σὰν ἀμπελώνας
καὶ βαθὺ καὶ ἀχάραγο σὰν ἡ ἄλλη ὄψη τ' οὐρανοῦ
Κάτι λίγο ψυχῆς μέσα στὴν ἄργιλλο
Τότε εἶπε καὶ γεννήθηκεν ἡ θάλασσα
Καὶ εἶδα καὶ θαύμασα
Καὶ στὴ μέση της ἔσπειρε κόσμους μικροὺς κατ' εἰκόνα καὶ ὁμοίωσή μου:
Ἵπποι πέτρινοι μὲ τὴ χαίτη ὀρθὴ
καὶ γαλήνιοι ἀμφορεῖς
καὶ λοξὲς δελφινιῶν ράχες
ἡ Ἴος ἡ Σίκινος ἡ Σέριφος ἡ Μῆλος
"Κάθε λέξη κι ἀπό 'να χελιδόνι
γιὰ νὰ σοῦ φέρνει τὴν ἄνοιξη μέσα στὸ θέρος„ εἶπε
Καὶ πολλὰ τὰ λιόδεντρα
ποὺ νὰ κρησάρουν στὰ χέρια τους τὸ φῶς
κι ἐλαφρὸ ν' ἁπλώνεται στὸν ὕπνο σου
καὶ πολλὰ τὰ τζιτζίκια
ποὺ νὰ μὴν τὰ νιώθεις
ὅπως δὲ νιώθεις τὸ σφυγμὸ στὸ χέρι σου
ἀλλὰ λίγο τὸ νερὸ
γιὰ νὰ τό 'χεις Θεὸ καὶ νὰ κατέχεις τί σημαίνει ὁ λόγος του
καὶ τὸ δέντρο μονάχο του
χωρὶς κοπάδι
γιὰ νὰ τὸ κάνεις φίλο σου
καὶ νὰ γνωρίζεις τ' ἀκριβό του τ' ὄνομα
φτενὸ στὰ πόδια σου τὸ χῶμα
γιὰ νὰ μὴν ἔχεις ποῦ ν' ἁπλώσεις ρίζα
καὶ νὰ τραβᾶς τοῦ βάθους ὁλοένα
καὶ πλατὺς ἐπάνου ὁ οὐρανὸς
γιὰ νὰ διαβάζεις μόνος σου τὴν ἀπεραντοσύνη

ΑΥΤΟΣ
ὁ κόσμος ὁ μικρός, ὁ μέγας!

8

BUT BEFORE hearing the wind or music

as I was setting out to find a vista

(climbing a boundless red sand dune

erasing History with my heel)

I wrestled with my bed sheets What I was looking for was this,

innocent and tremulous like a vineyard

deep and unscarred like the sky's other face,

A drop of soul amidst the clay

Then he spoke and the sea was born

And I gazed upon it and marveled

In its center he sowed little worlds in my image and likeness:

Horses of stone with manes erect

and tranquil amphorae

and slanting backs of dolphins

Ios, Sikinos, Serifos, Milos

"Each word a swallow

to bring you spring in the midst of summer," he said

And ample the olive trees

to sift the light through their fingers

that it may spread gently over your sleep

and ample the cicadas

which you will feel no more

than you feel the pulse inside your wrist

but scarce the water

so that you hold it a God and understand the meaning of its voice

and the tree alone

no flock beneath it

so that you take it for a friend

and know its precious name

sparse the earth beneath your feet

so that you have no room to spread your roots

and keep reaching down in depth

and broad the sky above

so that you read the infinite on your own

THIS WORLD

this small world the great!

9

"Καὶ τον κοσμο αὐτὸν ἀνάγκη νὰ τὸν βλέπεις καὶ νὰ τὸν λαβαίνεις„
εἶπε: Κοίταξε! Καὶ τὰ μάτια μου ἔριξαν τὴ σπορὰ
γρηγορώτερα τρέχοντας κι ἀπὸ βροχὴ
τὰ χιλιάδες ἀπάτητα στρέμματα
Σπίθες ρίζα μὲς στὸ σκότος πιάνοντας καὶ νερῶν ἄξαφνων πίδακες
Ἡ σιγὴ ποὺ ἐκχέρσωνα γιὰ ν' ἀποθέσω
γόνους φθόγγων καὶ χρησμῶν φύτρα χρυσὰ
Τὸ ξινάρι ἀκόμη μὲς στὰ χέρια μου
τὰ μεγάλα εἶδα κοντόποδα φυτά, γυρίζοντας τὸ πρόσωπο
ἄλλα ὑλακώντας ἄλλα βγάζοντας τὴ γλώσσα:
Νά τὸ σπαράγγι νά ὁ ριθιός
νά τὸ σγουρὸ περσέμολο
τὸ τζεντζεφύλλι καὶ τὸ πελαργόνι
ὁ στύφνος καὶ τὸ μάραθο
Οἱ κρυφὲς συλλαβὲς ὅπου πάσχιζα τὴν ταυτότητά μου ν' ἀρθρώσω
"Εὖγε, μοῦ εἶπε, καὶ ἀνάγνωση γνωρίζεις
καὶ πολλὰ μέλλει νὰ μάθεις
ἂν τὸ Ἀσήμαντο ἐμβαθύνεις
Καὶ μιὰ μέρα θά 'ρθει βοηθοὺς ν' ἀποκτήσεις
Θυμήσου:
τὸν ἀγχέμαχο Ζέφυρο, τὸ ἐρεβοκτόνο ρόδι
τὰ φλεγόμενα ὠκύποδα φιλιά„

Καὶ ὁ λόγος του χάθηκε σὰν εὐωδιὰ
Ἡ ὥρα ἐννιὰ χτύπησε πέρδικα τὴ βαθιὰ καρδιὰ τῆς εὐφωνίας
ἀλληλέγγυα στάθηκαν τὰ σπίτια
καὶ μικρὰ καὶ τετράγωνα
μὲ καμάρα λευκὴ καὶ λουλακὶ πορτόφυλλο
Κάτω ἀπ' τὴν κληματαριὰ
ὧρες ἐκεῖ ρέμβασα
μὲ μικρὰ-μικρὰ τιτυβίσματα
κοασμούς, τρυσμούς, τὸ μακρινὸ κουκούρισμα:
Νά τὸ πιπίνι νά τὸ λελέκι
νά τὸ γυφτοπούλι
ὁ νυχτοπάτης καὶ ἡ νερόκοτα
ἦταν καὶ ὁ μπόμπιρας ἐκεῖ
καὶ τὸ ἀλογάκι ποὺ λὲν τῆς Παναγίας
Ἡ στεριὰ μὲ τὰ σκέλη μου γυμνὰ στὸν ἥλιο

10

"AND THIS WORLD you must see and receive,"
        he said: Look! And my eyes sowed the seed
        racing faster than rain even
        over a thousand virgin acres
Sparks taking root in darkness and sudden jets of water
                        I was clearing the silence to plant
                        seeds of phonemes and golden shoots of oracles
The hoe still in my hand
        I saw the great short-legged plants, turning their faces
        some barking, others sticking out their tongues
                        There the asparagus, there the kale
                        there the curling parsley
                        acanthus and dandelion
                        liatris and fennel
Secret syllables through which I strove to utter my identity
"Good," he said, "you know how to read
and you'll come to learn a great deal
        if you study the Insignificant in depth
        And the day will come when you take on helpers
                        Remember:
                        the hand-combatant Zephyr, the dark-destroying
                                                pomegranate
                        the flaming fleet-footed kisses"
And his words disappeared as though perfume
Partridgelike, nine o'clock flushed toward the deep heart of euphony
                        the houses stood in solidarity
                        small and square
                        arches white and doors the color of bluing
        Under the trellised vines
        I mused for hours
        with the tiniest twittering
        with croaking, chirping, distant cooing:
                        There the stork and pelican
                        there the turtledove
                        there the mallard and the owl
        And the mite was there too
        and what they call the Virgin's mare
The shore with my thighs naked to the sun

11

καὶ πάλι δύο οἱ θάλασσες
καὶ ἡ τρίτη ἀνάμεσα — λεμονιές κιτριές μανταρινιές —
καὶ ὁ ἄλλος μαΐστρος μὲ τ' ἀπάνω του ἀψηλὸ μπογάζι
ἀλλοιώνοντας τ' ὀζόνιο τ' οὐρανοῦ
                    Χαμηλὰ στῶν φύλλων τὸν πυθμένα
                    ἡ τριβίδα ἡ λεία
                    τ' αὐτάκια τῶν ἀνθῶν
                    κι ὁ θαλλὸς ὁ ἀδημονώντας καὶ εἶναι

ΑΥΤΟΣ
ὁ κόσμος ὁ μικρός, ὁ μέγας !

ΥΣΤΕΡΑ καὶ τὸ φλοῖσβο ἐνόησα καὶ τὸν μακρὺ ἀτελείωτο ψίθυρο τῶν δέντρων
    Εἶδα πάνω στὸ μόλο ἀραδιασμένα τὰ κόκκινα σταμνιὰ
    καὶ πιὸ σιμὰ στὸ ξύλινο παραθυρόφυλλο
    κεῖ ποὺ κοιμόμουνα μὲ τό 'να πλάι
                    λάλησε πιὸ δυνατὰ ὁ βοριάς
                    Καὶ εἶδα
Κόρες ὄμορφες καὶ γυμνὲς καὶ λεῖες ὡσὰν τὸ βότσαλο
μὲ τὸ λίγο μαῦρο στὶς κόχες τῶν μηρῶν
καὶ τὸ πολὺ καὶ πλούσιο ἀνοιχτὸ στὶς ὠμοπλάτες
                    νὰ φυσοῦν ὄρθιες μέσα στὴν Κοχύλα
                    καὶ ἄλλες γράφοντας μὲ κιμωλία
                    λόγια παράξενα, αἰνιγματικά:
ΡΩΕΣ, ΑΛΑΣΘΑΣ, ΑΡΙΜΝΑ,
ΟΛΗΙΣ, ΑΪΑΣΑΝΘΑ, ΥΕΛΤΗΣ
                    μικρὲς φωνὲς πουλιῶν καὶ ὑακίνθων
                    ἢ ἄλλα λόγια τοῦ Ἰουλίου
Σημαίνοντας οἱ ἔντεκα
    πέντε ὀργιὲς τοῦ βάθους·
    πέρκες γοβιοὶ σπάροι
    μὲ πελώρια σβάραχνα καὶ κοντὲς πρυμναῖες οὐρές
                    Ἀνεβαίνοντας ἔβρισκα σπόγγους

and two the seas on either side
of a third in-between: lemon, lime, and orange trees
and that northwest wind with the high strait confronting it
altering the sky's ozone

                Low down on the seafloor of the leaves
                the smooth gravel
                the tiny ears of the flowers
                and the impatient shoots which are really

THIS WORLD
this small world the great!

THEN I came to understand the seabreeze and the long endless whisper of the trees
    I saw the red jugs lined up on the quay
    and closer to the wooden shutter
    where I lay sleeping on my side
                the north wind crowed louder
                And I saw
Maidens beautiful and naked and smooth like pebbles
with that touch of black in the delta of the thighs
and that abundant, luxurious spread of it along the shoulderblades
                some upright sounding the Conch
                others spelling out in chalk
                words strange and enigmatic:
ROES, ESA, ARIMNA
NUS, MIROLTAMITY, YELTIS
                the small cries of birds and hyacinths
                or some other language of July
At the stroke of eleven
    five fathoms deep
    perch, goby, seabream
    with huge gills and short rudder tails
                Rising higher, I found

καὶ σταυροὺς θαλάσσης
καὶ λιγνὲς ἀμίλητες ἀνεμῶνες
καὶ πιὸ ψηλὰ στὰ χείλη τοῦ νεροῦ
πεταλίδες τριανταφυλλιὲς
καὶ μισάνοιχτες πίνες καὶ ἁρμυρῆθρες
"Ἀκριβὰ λόγια, μοῦ εἶπε, ὅρκοι παλαιοὶ
ποὺ ἔσωσε ὁ Καιρὸς καὶ ἡ σίγουρη ἀκοὴ τῶν μακρινῶν ἀνέμων,,
Καὶ σιμὰ στὸ ξύλινο παραθυρόφυλλο
κεῖ ποὺ κοιμόμουνα μὲ τό 'να πλάι
δυνατὰ στὸ στῆθος μου ἔσφιξα τὸ μαξιλάρι
καὶ τὰ μάτια μου δάκρυα γιομάτα
Ἤμουν στὸν ἔκτο μήνα τῶν ἐρώτων
καὶ στὰ σπλάχνα μου σάλευε σπόρος ἀκριβός

AΥΤΟΣ
ὁ κόσμος ὁ μικρός, ὁ μέγας!

"ΑΛΛΑ ΠΡΩΤΑ θὰ δεῖς τὴν ἐρημιὰ καὶ θὰ τῆς δώσεις τὸ δικό σου νόημα, εἶπε
Πρὶν ἀπὸ τὴν καρδιά σου θά 'ναι αὐτὴ
καὶ μετὰ πάλι αὐτὴ θ' ἀκολουθήσει
Τοῦτο μόνο νὰ ξέρεις:
Ὅ,τι σώσεις μὲς στὴν ἀστραπὴ
καθαρὸ στὸν αἰώνα θὰ διαρκέσει,,
Καὶ ψηλὰ πολὺ πάνω ἀπ' τὰ κύματα
ἔστησε τὰ χωριὰ τῶν βράχων
Ἐκεῖ σκόνη ἔφτανε ὁ ἀφρός
ἄπλερη γίδα εἶδα νὰ γλείφει τὶς ρωγμὲς
μὲ τὸ μάτι λοξὸ καὶ τὸ λίγο κορμὶ σκληρὸ σὰ χαλαζίας
Ἔζησα τὶς ἀκρίδες καὶ τὴ δίψα καὶ τὰ τραχιὰ στὶς ἁρμοσιές τους δάχτυλα
χρόνους τακτοὺς ὅσους ἡ Γνώση ὁρίζει
Στὰ χαρτιὰ σκυφτὸς καὶ στὰ βιβλία τ' ἀπύθμενα
μὲ σκοινὶ λιανὸ κατεβαίνοντας
νύχτες καὶ νύχτες

                              sponges and starfish
                              and slender, silent anemones
          and higher still, at the water's lip
          rose limpets
                              and half-open mussels and algae
"Precious names," he said, "ancient oaths
saved by Time and the sure ear of the distant winds"
                              And close to the wooden shutter
                              where I lay sleeping on my side
                              I pressed the pillow tight against my chest
                              and my eyes filled with tears
I was in the sixth month of my love
and in my entrails stirred a precious seed

                    THIS WORLD
                    this small world the great!

"BUT FIRST you will see the wilderness and give it your own meaning," he said
          "The wilderness will precede your heart
          and then again the wilderness will follow it
                              Know this above all:
                              whatever you salvage under lightning
                              will remain pure eternally"
And high above the waves
he set up villages of rocks

                              There the foam arrived as dust
                              I saw a lean goat licking the crevices
its eye slanted, its sparse body hard as quartz
I lived through the locusts and the thirst and the rough-jointed fingers
for the fixed number of years ordained by the Wise
          Bent over papers and bottomless books
          climbing down them on a slender rope
          night after night

                    15

τὸ λευκὸ ἀναζήτησα ὡς τὴν ὕστατη ἔνταση
τοῦ μαύρου Τὴν ἐλπίδα ὡς τὰ δάκρυα
Τὴ χαρὰ ὡς τὴν ἄκρα ἀπόγνωση
    Νὰ σταλθεῖ βοήθεια τότε κρίθηκε ἡ στιγμὴ
    καὶ ὁ κλῆρος ἔπεσε στὶς βροχὲς
              κελαρύσανε ὅλη μέρα ρυάκια
              ἔτρεξα σὰν τρελὸς
στὶς πλαγιὲς ἔσχισα σχίνο καὶ πολὺ μύρτο μὲς στὴ φούχτα μου ἔδωσα
νὰ δαγκάσουνε οἱ πνοές
    "Ἡ ἁγνότητα, εἶπε, εἶναι αὐτὴ
    στὶς πλαγιὲς τὸ ἴδιο καὶ στὰ σπλάχνα σου„
    Καὶ τὰ χέρια του ἅπλωσε ὅπως κάνει
γέροντας γνωστικὸς Θεὸς γιὰ νὰ πλάσει μαζὶ πηλὸ καὶ οὐρανοσύνη
Λίγο μόλις πυράχτωσε τὶς κορφὲς
    ἀλλ' ἀδάγκωτο πράσινο στὶς ρεματιὲς τὸ χόρτο κάρφωσε
           μέντα λεβάντα λουίζα
           καὶ μικρὲς πατημασιὲς ἀρνιῶν
ἢ ἀλλοῦ πάλι ἀπὸ τὰ ὕψη πέφτοντας
οἱ φιλὲς κλωστὲς τὸ ἀσήμι, δροσερὰ μαλλιὰ κοπέλας ποὺ εἶδα καὶ ποὺ ἐπόθησα
           Ὑπαρκτὴ γυναίκα
    "Ἡ ἁγνότητα, εἶπε, εἶναι αὐτή„
    καὶ γεμάτος λαχτάρα χάιδεψα τὸ σῶμα
    φιλιὰ δόντια μὲ δόντια· ὕστερα ἕνας μὲς στὸν ἄλλο
        Τρικύμισα
        ὅπως κάβος πάτησα βαθιὰ
        ποὺ ἀέρα πήρανε οἱ σπηλιές
Ἠχὼ μὲ τὸ λευκὸ σαντάλι πέρασε μιὰ στιγμὴ
γοργὰ κάτω ἀπὸ τὰ νερὰ ἡ ζαργάνα
    καὶ ψηλὰ τὸ λόφο ἔχοντας πόδι Καὶ τὸν ἥλιο κεφάλι κερασφόρο
    ν' ἀνεβαίνει Ἀβάδιστος εἶδα Ὁ Μέγας Κριός
Καὶ αὐτὸς ἀλήθεια ποὺ ἤμουνα Ὁ πολλοὺς αἰῶνες πρὶν
Ὁ ἀκόμη χλωρὸς μὲς στὴ φωτιὰ Ὁ ἄκοπος ἀπ' τὸν οὐρανὸ
        ψιθύρισε ὅταν ρώτησα:
— Τί τὸ καλό; Τί τὸ κακό;
—Ἕνα σημεῖο Ἕνα σημεῖο
    καὶ σ' αὐτὸ πάνω ἰσορροπεῖς καὶ ὑπάρχεις
    κι ἀπ' αὐτὸ πιὸ πέρα ταραχὴ καὶ σκότος

I sought whiteness to the utmost intensity
of blackness, hope to the point of tears
joy to the outer limit of despair
>The moment was designated for help to be sent
>and the task was allotted the rains
>>>rivulets sang the day long
>>I ran madly

on the slopes I tore terebinth, my palm gave myrtle freely
to the breeze's bite
>"That's purity," he said, "It is
>the same on the slopes as in your entrails"
>And he spread his hands as would

an old experienced God creating clay and heavenliness together
He heated the peaks barely red
>and nailed the grass—green, unnibbled—onto the ravines
>>>mint, lavender, verbena
>>and the small hoof prints of sheep

or again elsewhere, falling from the heights
light threads of silver, cool hair of a girl I saw and wanted
>>Tangible woman
>>"Purity," he said, "is she"

and full of yearning I caressed the body
kisses teeth to teeth; then one inside the other
>>>Storm-tossed
>>like a cape I trod so deeply
>>that air surged into the caves

Like a white-sandaled echo the gar
passed fleetingly below the water's surface
>and high above, having the hill for a foot and the sun for a horned head
>I saw the great Ram climbing the air

And the One I really was, the One of many centuries ago
the One still verdant in the midst of fire, the One still bound to heaven
>>>whispered when I asked

What is Good? What is Evil?:
"A point A point
>and on it you find balance and exist
>and beyond it turmoil and darkness

17

κι ἀπ' αὐτὸ πιὸ πίσω βρυγμὸς τῶν ἀγγέλων
—Ἕνα σημεῖο Ἕνα σημεῖο
καὶ σ' αὐτὸ μπορεῖς ἀπέραντα νὰ προχωρήσεις
ἢ ἀλλιῶς τίποτε ἄλλο δὲν ὑπάρχει πιά
Κι ὁ Ζυγὸς ποὺ, ἀνοίγοντας τὰ χέρια μου, ἔμοιαζε
νὰ ζυγιάζει τὸ φῶς καὶ τὸ ἔνστικτο ἤτανε

AΥΤΟΣ
ὁ κόσμος ὁ μικρός, ὁ μέγας!

ΕΠΕΙΔΗ ΚΑΙ ΟΙ ΩΡΕΣ γύριζαν ὅπως οἱ μέρες
μὲ πλατιὰ μενεξεδένια φύλλα στὸ ρολόι τοῦ κήπου
Δείχτης ἤμουν ἐγώ
Τρίτη Τετάρτη Πέμπτη
ὁ Ἰούνιος ὁ Ἰούλιος ὁ Αὔγουστος
Ἔδειχνα τὴν ἀνάγκη ποὺ μοῦ ἐρχόταν ἄρμη
καταπρόσωπο Ἔντομα κοριτσιῶν
Μακρινὲς ἀστεροπὲς τῆς Ἴριδας —
"Ὅλα τοῦτα καιρὸς τῆς ἀθωότητας
ὁ καιρὸς τοῦ σκύμνου καὶ τοῦ ροδαμοῦ
ὁ πολὺ πρὶν τὴν Ἀνάγκη„ μοῦ εἶπε
Καὶ τὸν κίνδυνο ἔσπρωξε μὲ τό 'να δάχτυλο
Στὴν κορφὴ τοῦ κάβου φόρεσε μελανὸ φρύδι
Ἀπὸ μέρος ἄγνωστο φώσφορο ἔχυσε
"Γιὰ νὰ βλέπεις, εἶπε, ἀπὸ μέσα
στὸ κορμί σου
φλέβες κάλιο, μαγγάνιο
καὶ τ' ἀποτιτανωμένα
παλαιὰ κατάλοιπα τοῦ ἔρωτα„
Καὶ πολὺ τότε σφίχθηκε ἡ καρδιά μου
ἦταν τὸ πρῶτο τρίξιμο τοῦ ξύλου μέσα μου
μιᾶς νυχτὸς ποὺ ἐσίμωνε ἴσως

18

and before it the roar of angels
A point A point
    and on it you can progress infinitely
    otherwise, nothing else exists any more"
And the Scales which, stretching my arms,
seemed to balance light and instinct, were

THIS WORLD
this small world the great!

BECAUSE THE HOURS turned like days
with broad violet leaves on the garden clock
      I became the dial
Tuesday Wednesday Thursday
June July August
  I showed a need that now struck me full-faced
  like brine The girls insects
  Distant flashings of the Rainbow —
       "All this is the time of innocence
       the time of the cub and green shoots
       a time long before Necessity," he said
  And he prodded danger with his finger
  And he placed a black eyebrow on the ridge of the cape
  From an unknown source he poured out phosphorus
       "So you may see," he said
       "within your body
       veins of potassium, manganese
       and the calcified
       ancient remnants of love"
And then my heart shuddered
it was the first creak of wood inside me
  the hooting of a night

                    ἡ φωνὴ τοῦ γκιώνη
                              κάποιου ποὺ εἶχε σκοτωθεῖ
                              τὸ αἷμα γυρίζοντας πάνω στὸν κόσμο
          Εἶδα πέρα, μακριά, στὴν ἄκρια τῆς ψυχῆς μου
                              μυστικὰ νὰ διαβαίνουνε
φάροι ψηλοὶ ξωμάχοι Στοὺς γκρεμοὺς τραβερσωμένα κάστρα
Τ᾿ ἄστρο τῆς τραμουντάνας Τὴν ἁγία Μαρίνα μὲ τὰ δαιμονικά
Καὶ πολὺ πιὸ βαθιὰ πίσω ἀπ᾿ τὰ κύματα
    στὸ Νησὶ μὲ τοὺς κόλπους τῶν ἐλαιώνων
    Μιὰ στιγμὴ μοῦ ἐφάνηκε θωροῦσα Ἐκεῖνον
    ποὺ τὸ αἷμα του ἔδωσε νὰ σαρκωθῶ
    τὸν τραχὺ τοῦ Ἁγίου δρόμο ν᾿ ἀνεβαίνει
                    μιὰ φορὰν ἀκόμη
                    Μιὰ φορὰν ἀκόμη
    στὰ νερὰ τῆς Γέρας ν᾿ ἀκουμπᾶ τὰ δάχτυλα
    καὶ τὰ πέντε ν᾿ ἀνάβουνε χωριὰ
                    ὁ Παπάδος ὁ Πλακάδος ὁ Παλαιόκηπος
                    ὁ Σκόπελος καὶ ὁ Μεσαγρός
    ἐξουσία καὶ κλῆρος τῆς γενιᾶς μου.
"Ἀλλὰ τώρα, εἶπε, ἡ ἄλλη σου ὄψη
ἀνάγκη ν᾿ ἀνεβεῖ στὸ φῶς „
    καὶ πολὺ πρὶν μὲ τὸ νοῦ μου βάλω
    ἢ σημάδι φωτιᾶς ἢ σχῆμα τάφου
                    Κατὰ κεῖ ποὺ δὲν ἔσωνε κανεὶς νὰ δεῖ
                    μὲ τὰ χέρια ἐμπρός του
                    σκύβοντας
                    τὰ μεγάλα ἑτοίμασε Κενὰ στὴ γῆ
                    καὶ στὸ σῶμα τοῦ ἀνθρώπου:
τὸ κενὸ τοῦ Θανάτου γιὰ τὸ Βρέφος τὸ Ἐρχόμενο
τὸ κενὸ τοῦ Φονικοῦ γιὰ τὴ Δικαία Κρίση
τὸ κενὸ τῆς Θυσίας γιὰ τὴν Ἴση Ἀνταπόδοση
τὸ κενὸ τῆς Ψυχῆς γιὰ τὴν Εὐθύνη τοῦ Ἄλλου
                    Καὶ ἡ Νύχτα πανσὲς
                    παλιᾶς
                    πριονισμένης ἀπὸ νοσταλγία Σελήνης
μὲ τοῦ ἔρημου μύλου τὰ χαλάσματα καὶ τὴν ἄκακη εὐωδιὰ τῆς κόπρου
                    πῆρε μέρος μέσα μου

20

                    perhaps approaching
                                        the blood of someone killed
                                        returning to the upper world
            Far beyond, at my soul's edge
                                    I saw secretly passing by
tall farming lighthouses On the precipices, close-hauled castles
The polar star Saint Marina with the demons
            And farther still, beyond the waves
            on the Island gulfed by olive groves
            it seemed for a moment that I saw Him
            He who gave his blood to make me flesh
            ascending the thorny path of the Saint
                                once again
                                Once again
            I saw him touch his fingers to the waters of Yera
            and light the five villages
                            Papados   Plakados   Paleokipos
                            Skopelos   Messagros
        inheritance and dominion of my clan
"But now," he said, "your other face
must rise to the light"
            and long before my mind saw
            a sign of fire or sepulchral shape
                            he turned toward that which no one else could see
                            and bending
                            with his hands thrust forward
                            he prepared the great Voids on earth
                            and in man's body:
the void of Death for the Coming Infant
the void of Murder for Just Judgment
the void of Sacrifice for Equal Compensation
the void of the Soul for Responsibility Toward Others
                            And Night, the violet
                            of an ancient Moon
                            sawed through by nostalgia
with the ruins of an abandoned windmill and the blameless fragrance of excrement,
                            found a place inside me

                                    21

Διαστάσεις ἄλλαξε στὰ πρόσωπα· μοίρασε ἀλλιῶς τὰ βάρη
Τὸ σκληρό μου σῶμα ἦταν ἡ ἄγκυρα κατεβασμένη μέσα στοὺς ἀνθρώπους
   ὅπου ἦχος ἄλλος κανεὶς
           μόνο γδοῦποι γόοι καὶ κοπετοὶ
           καὶ ρωγμὲς ἐπάνω στὴν ἀνάστροφη ὄψη
Ποιᾶς φυλῆς ἀνύπαρχτης ὁ γόνος νά 'μουν
   τότε μόνο ἐννόησα
                ποὺ ἡ σκέψη τοῦ Ἄλλου
                διαγώνια σὰν ἀκμὴ γυαλιοῦ
                καὶ 'Ορθὸν ὡς πέρα μὲ χάραζε
Εἶδα μέσα στὰ σπίτια καθαρὰ σὰ νὰ μὴν ἦταν τοῖχοι
μὲ τὸ λύχνο στὸ χέρι νὰ περνοῦν γερόντισσες
τὰ χαράκια στὸ μέτωπο καὶ στὸ ταβάνι
καὶ ἄλλοι νέοι μὲ τὸ μουστάκι ποὺ ἔζωναν ἄρματα στὴ μέση τους
          ἀμίλητοι
          δύο δάχτυλα πάνω στὴ λαβὴ
          ἐδῶ κι αἰῶνες.
"Βλέπεις, εἶπε, εἶναι οἱ Ἄλλοι
καὶ δὲ γίνεται Αὐτοὶ χωρὶς Ἐσένα
καὶ δὲ γίνεται μ' Αὐτοὺς χωρίς, Ἐσύ
Βλέπεις, εἶπε, εἶναι οἱ Ἄλλοι
          καὶ ἀνάγκη πᾶσα νὰ τοὺς ἀντικρίσεις
ἡ μορφή σου ἂν θέλεις ἀνεξάλειπτη νά 'ναι
          καὶ νὰ μείνει αὐτή.
  Ἐπειδὴ πολλοὶ φοροῦν τὸ μελανὸ πουκάμισο
καὶ ἄλλοι μιλοῦν τὴ γλώσσα τῶν χοιρογρυλλίων
καὶ εἶναι οἱ Ὠμοφάγοι καὶ οἱ Ἄξεστοι τοῦ Νεροῦ
οἱ Σιτόφοβοι καὶ οἱ Πελιδνοὶ καὶ οἱ Νεοχόνδορες
ὁρμαθὸς καὶ ἀριθμὸς τῶν ἄκρων τοῦ σταυροῦ
          τῆς Τετρακτίδος.
Ἂν ἀλήθεια κρατήσεις καὶ τοὺς ἀντικρίσεις, εἶπε,
ἡ ζωή σου θ' ἀποκτήσει αἰχμὴ καὶ θὰ ὁδηγήσεις, εἶπε
          Ὁ καθεὶς καὶ τὰ ὅπλα του, εἶπε
Καὶ αὐτὸς ἀλήθεια ποὺ ἤμουνα Ὁ πολλοὺς αἰῶνες πρὶν
Ὁ ἀκόμη χλωρὸς μὲς στὴ φωτιά Ὁ ἄκοπος ἀπ' τὸν οὐρανό
          Πέρασε μέσα μου Ἔγινε
          αὐτὸς ποὺ εἶμαι

22

changed the dimensions of faces, distributed weight in new ways
My hard body was the anchor dropped among men
      where there is no other sound
                    but that of dead thuds, wailing and lamentation
                    crevices on the upturned face
The scion of what nonexistent race I might be
      I knew only then
                    as the notion of Others
                    oblique like the edge of glass
                    cut me straight and clean through
      I saw into houses clearly, as though they had no walls
      old women went by, oil lamps in their hands
      lines on their foreheads and on the ceiling
and other young men, moustached, arming their belts
                  silent
                  two fingers on the hilt
                  centuries now.
"You see," he said, "they are the Others
and it cannot be They without You
nor can it be You without Them"
"You see," he said, "they are the Others
                  and you must face them without fail
if you want your image to be indelible
                  and remain what it is
      Because many are those who wear the black shirt
      and others speak the language of porcupines
      and there are the Raw-eaters and the Water-brutes
      the Bread-fearers and the Leadenfaced and the Neocondors
      the herd and multitude at the cross corners
                  of the Tetractys"
"If you can really bear to face them," he said,
"your life will shape to a point and you will lead," he said
                  "Each to his own weapons," he said
And the One I really was, the One of many centuries ago
the One still verdant in the midst of fire, the One still bound to heaven
                  entered into me, became
                  the one I am

Η ὥρα τρεῖς τῆς νύχτας
    λάλησε μακριὰ πάνω ἀπ' τὰ παραπήγματα
                ὁ πρῶτος πετεινός
Εἶδα γιὰ μιὰ στιγμὴ τοὺς Ὄρθιους Κίονες τῆ Μετόπη μὲ Ζῶα Δυνατὰ
    καὶ Ἀνθρώπους φέρνοντας Θεογνωσία
Πῆρε ὄψη ὁ Ἥλιος Ὁ Ἀρχάγγελος ὁ ἀεὶ δεξιά μου

                ΑΥΤΟΣ ἐγὼ λοιπὸν
                καὶ ὁ κόσμος ὁ μικρός, ὁ μέγας!

At three o'clock in the morning
above the shacks, distant
the first cock crowed
For a second I saw the Upright Pillars, the Metope of Powerful Beasts
and Men bringing Knowledge of God
The Sun assumed its face, the Archangel forever on my right

THIS I then
and the small world the great!

ΤΑ ΠΑΘΗ

THE PASSION

Ιδοτ ἐγὼ λοιπόν,
ὁ πλασμένος γιὰ τὶς μικρὲς Κόρες καὶ τὰ νησιὰ τοῦ Αἰγαίου·
ὁ ἐραστὴς τοῦ σκιρτήματος τῶν ζαρκαδιῶν
καὶ μύστης τῶν φύλλων τῆς ἐλιᾶς·
ὁ ἡλιοπότης καὶ ἀκριδοκτόνος.
Ἰδοὺ ἐγὼ καταντικρὺ
τοῦ μελανοῦ φορέματος τῶν ἀποφασισμένων
καὶ τῆς ἄδειας τῶν ἐτῶν, ποὺ τὰ τέκνα της ἄμβλωσε,
γαστέρας, τὸ ἄγκρισμα!
Λύνει ἀέρας τὰ στοιχεῖα καὶ βροντὴ προσβάλλει τὰ βουνά.
Μοίρα τῶν ἀθώων, πάλι μόνη, νά σε, στὰ Στενά!
Στὰ Στενὰ τὰ χέρια μου ἄνοιξα
Στὰ Στενὰ τὰ χέρια μου ἄδειασα
κι ἄλλα πλούτη δὲν εἶδα, κι ἄλλα πλούτη δὲν ἄκουσα
παρὰ βρύσες κρύες νὰ τρέχουν
Ρόδια ἢ Ζέφυρο ἢ Φιλιά.
Ὁ καθεὶς καὶ τὰ ὅπλα του, εἶπα :
Στὰ Στενὰ τὰ ρόδια μου θ᾽ ἀνοίξω
Στὰ Στενὰ φρουροὺς τοὺς ζέφυρους θὰ στήσω
τὰ φιλιὰ τὰ παλιὰ θ᾽ ἀπολύσω ποὺ ἡ λαχτάρα μου ἄγιασε!
Λύνει ἀέρας τὰ στοιχεῖα καὶ βροντὴ προσβάλλει τὰ βουνά.
Μοίρα τῶν ἀθώων, εἶσαι ἡ δική μου ἡ Μοίρα!

I

HERE then am I,
created for the young Korai and the Aegean islands,
    lover of the deer's leaping,
initiate in the Mystery of olive leaves,
    sun-drinker and locust-killer.
Here am I, face to face
    with the black shirts of the ruthless
and of the years' empty belly that aborted
    its own children, in heat!
Wind releases the elements and thunder assaults the mountains.
    Fate of the innocent, alone again, here you are in the Straits!
In the Straits I opened my hands.
    In the Straits I emptied my hands
and saw no other riches, heard no other riches
    but cool fountains running,
Pomegranates or Zephyr or Kisses.
    Each to his own weapons, I said:
In the Straits I'll open my pomegranates.
    In the Straits I'll post Zephyrs as sentries,
I'll unleash the old kisses canonized by my longing!
    Wind releases the elements and thunder assaults the mountains.
Fate of the innocent, you are my own Fate!

Β'

Τη ΓΛΩΣΣΑ μοῦ ἔδωσαν ἑλληνική·
τὸ σπίτι φτωχικὸ στὶς ἀμμουδιὲς τοῦ Ὁμήρου.
Μονάχη ἔγνοια ἡ γλώσσα μου στὶς ἀμμουδιὲς τοῦ Ὁμήρου.
Ἐκεῖ σπάροι καὶ πέρκες
ἀνεμόδαρτα ῥήματα
ῥεύματα πράσινα μὲς στὰ γαλάζια
ὅσα εἶδα στὰ σπλάχνα μου ν' ἀνάβουνε
σφουγγάρια, μέδουσες
μὲ τὰ πρῶτα λόγια τῶν Σειρήνων
ὄστρακα ρόδινα μὲ τὰ πρῶτα μαῦρα ρίγη.
Μονάχη ἔγνοια ἡ γλώσσα μου μὲ τὰ πρῶτα μαῦρα ρίγη.
Ἐκεῖ ρόδια, κυδώνια
θεοὶ μελαχρινοί, θεῖοι κι ἐξάδελφοι
τὸ λάδι ἀδειάζοντας μὲς στὰ πελώρια κιούπια·
καὶ πνοὲς ἀπὸ τὴ ρεματιὰ εὐωδιάζοντας
λυγαριὰ καὶ σχίνο
σπάρτο καὶ πιπερόριζα
μὲ τὰ πρῶτα πιπίσματα τῶν σπίνων,
ψαλμωδίες γλυκὲς μὲ τὰ πρῶτα-πρῶτα Δόξα Σοι.
Μονάχη ἔγνοια ἡ γλώσσα μου, μὲ τὰ πρῶτα-πρῶτα Δόξα Σοι!
Ἐκεῖ δάφνες καὶ βάγια
θυμιατὸ καὶ λιβάνισμα
τὶς πάλες εὐλογώντας καὶ τὰ καριοφίλια.
Στὸ χῶμα τὸ στρωμένο μὲ τ' ἀμπελομάντιλα
κνίσες, τσουγκρίσματα
καὶ Χριστὸς Ἀνέστη
μὲ τὰ πρῶτα σμπάρα τῶν Ἑλλήνων.
Ἀγάπες μυστικὲς μὲ τὰ πρῶτα λόγια τοῦ Ὕμνου.
Μονάχη ἔγνοια ἡ γλώσσα μου, μὲ τὰ πρῶτα λόγια τοῦ Ὕμνου!

II

GREEK the language they gave me;
poor the house on Homer's shores.
    My only care my language on Homer's shores.
There bream and perch
    windbeaten verbs,
green sea currents in the blue,
    all I saw light up in my entrails,
sponges, jellyfish
    with the first words of the Sirens,
rosy shells with the first black shivers.
    My only care my language with the first black shivers.
There pomegranates, quinces,
    swarthy gods, uncles and cousins
emptying oil into giant jars;
    and breaths from the ravine fragrant
with osier and terebinth
    broom and ginger root
with the first chirping of finches,
    sweet psalms with the very first Glory Be to Thee.
My only care my language with the very first Glory Be to Thee!
    There laurel and palm leaves
censer and incense
    blessing the swords and muskets.
On soil spread with vine-scarves,
    the smell of roasting lamb, Easter eggs cracking,
and "Christ is Risen,"
    with the first salvos of the Greeks.
Secret loves with the first words of the Hymn.
    My only care my language with the first words of the Hymn!

Στον πηλο τὸ στόμα   ✸   μου ἀκόμη καὶ σὲ ὀνόμαζε
Ρόδινο νεογνὸ   ✸   στικτὴ πρώτη δροσιὰ
Κι ἀπὸ τότε σοῦ 'πλαθε   ✸   βαθιὰ στὰ χαράματα
Τὴ γραμμὴ τῶν χειλιῶν   ✸   καὶ τὸν καπνὸ τῆς κόμης
Τὴν ἄρθρωση σοῦ 'δινε   ✸   καὶ τὸ λάμδα τὸ ἔψιλον
Τὴν ἀέρινη ἄσφαλτη   ✸   περπατηξιά

Κι ἀπ' τὴν ἴδια ἐκείνη   ✸   στιγμὴ μέσα μου ἀνοίγοντας
"Αγνωστη φυλακὴ   ✸   φαιὰ κι ἄσπρα πουλιὰ
Στὸν αἰθέρα ἐρίζοντας   ✸   ἀνέβηκαν κι ἔνιωσα
Πῶς γιὰ σένα τὰ αἵματα   ✸   γιὰ σένα τὰ δάκρυα
Στοὺς αἰῶνες τὸ πάλεμα   ✸   τὸ φριχτὸ καὶ τὸ ὑπέροχο
Ἡ σαγήνη γιὰ σένα καὶ   ✸   ἡ ὀμορφιά

Στὰ πνευστὰ τῶν δέντρων   ✸   καὶ κρούοντας ὁ πυρρίχιος
Δόρατα καὶ σπαθιὰ   ✸   νὰ λὲς ἄκουσα Ἐσὺ
Μυστικὰ προστάγματα   ✸   καὶ παρθενοβίωτα
Μὲ τὴν ἔκλαμψη πράσινων   ✸   ἀστέρων λόγια
Καὶ πάνω ἀπ' τὴν ἄβυσσο   ✸   αἰωρούμενη γνώρισα
Του σπαθιου σου την κοψη   ✸   την τρομερη!

a

MY MOUTH *still in clay, yet it named you —*
Rosy, newborn babe, mottled first dew —
And since then, deep in daybreak, it shaped for you
The line of lips, the smoke of hair,
Gave you articulation, gave you the L and the Y,
The airy infallible stride.

And from that very moment, opening inside me
An unknown prison, gray and white birds
Rose bickering in the air, and I felt
Yours the blood and the tears,
The eternal strife, horrible and magnificent,
Yours the lure and the beauty.

In the woodwind of the trees and the ancient war dance clashing
Spears and swords, I heard You utter
Secret commands of a virginal life,
Words with the radiance of green stars,
And swinging over the abyss I saw and knew
"The terrible edge of your sword!"

33

Η ΠΟΡΕΙΑ ΠΡΟΣ ΤΟ ΜΕΤΩΠΟ

ΞΗΜΕΡΩΝΟΝΤΑΣ τ' Ἁγιαννιοῦ, μὲ τὴν αὔριο τῶν Φώτων, λάβαμε τὴ διαταγὴ νὰ κινήσουμε πάλι μπροστά, γιὰ τὰ μέρη ὅπου δὲν ἔχει καθημερινὲς καὶ σκόλες. Ἔπρεπε, λέει, νὰ πιάσουμε τὶς γραμμὲς ποὺ κρατούσανε ὡς τότε οἱ Ἀρτινοί, ἀπὸ Χείμαρρα ὡς Τεπελένι. Λόγω ποὺ ἐκεῖνοι πολεμούσανε ἀπ' τὴν πρώτη μέρα, συνέχεια, κι εἶχαν μείνει σχεδὸν οἱ μισοὶ καὶ δὲν ἀντέχανε ἄλλο.

Δώδεκα μέρες κιόλας εἴχαμε μεῖς πιὸ πίσω, στὰ χωριά. Κι ἀπάνω ποὺ συνήθιζε τ' αὐτί μας πάλι στὰ γλυκὰ τριξίματα τῆς γῆς, καὶ δειλὰ συλλαβίζαμε τὸ γάβγισμα τοῦ σκύλου ἢ τὸν ἀχὸ τῆς μακρινῆς καμπάνας, νά ποὺ ἦταν ἀνάγκη, λέει, νὰ γυρίσουμε στὸ μόνο ἀχολόι ποὺ ξέραμε: στὸ ἀργὸ καὶ στὸ βαρὺ τῶν κανονιῶν, στὸ ξερὸ καὶ στὸ γρήγορο τῶν πολυβόλων.

Νύχτα πάνω στὴ νύχτα βαδίζαμε ἀσταμάτητα, ἕνας πίσω ἀπ' τὸν ἄλλο, ἴδια τυφλοί. Μὲ κόπο ξεκολλώντας τὸ ποδάρι ἀπὸ τὴ λάσπη, ὅπου, φορές, ἐκαταβούλιαζε ἴσαμε τὸ γόνατο. Ἐπειδὴ τὸ πιὸ συχνὰ ψιχάλιζε στοὺς δρόμους ἔξω, καθὼς μὲς στὴν ψυχή μας. Καὶ τὶς λίγες φορὲς ὅπου κάναμε στάση νὰ ξεκουραστοῦμε, μήτε ποὺ ἀλλάζαμε κουβέντα, μονάχα σοβαροὶ καὶ ἀμίλητοι, φέγγοντας μ' ἕνα μικρὸ δαδί, μία-μία ἐμοιραζόμασταν τὴ σταφίδα. Ἤ φορὲς πάλι, ἂν ἦταν βολετό, λύναμε βιαστικὰ τὰ ροῦχα καὶ ξυνόμασταν μὲ λύσσα ὧρες πολλές, ὅσο νὰ τρέξουν τὰ αἵματα. Τὶ μᾶς εἶχε ἀνέβει ἡ ψείρα ὡς τὸ λαιμό, κι ἦταν αὐτὸ πιὸ κι ἀπ' τὴν κούραση ἀνυπόφερτο. Τέλος, κάποτε ἀκουγότανε στὰ σκοτεινὰ ἡ σφυρίχτρα, σημάδι ὅτι κινούσαμε, καὶ πάλι σὰν τὰ ζὰ τραβούσαμε μπροστὰ νὰ κερδίσουμε δρόμο, πριχοῦ ξημερώσει καὶ μᾶς βάλουνε στόχο τ' ἀερόπλανα. Ἐπειδὴ ὁ Θεὸς δὲν κάτεχε ἀπὸ στόχους ἢ τέτοια, κι ὅπως τὸ 'χε συνήθειο του, στὴν ἴδια πάντοτε ὥρα ξημέρωνε τὸ φῶς.

Τότες, χωμένοι μὲς στὶς ρεματιές, γέρναμε τὸ κεφάλι ἀπὸ τὸ μέρος τὸ βαρύ, ὅπου δὲ βγαίνουνε ὄνειρα. Καὶ τὰ πουλιὰ μᾶς θύμωναν, ποὺ δὲ δίναμε τάχα σημασία στὰ λόγια τους — ἴσως καὶ ποὺ ἀσκημίζαμε χωρὶς αἰτία τὴν πλάση. Ἄλλης λογῆς ἐμεῖς χωριάτες, μ' ἄλλω λογιῶ ξινάρια καὶ σιδερικὰ στὰ χέρια μας, ποὺ ξορκισμένα νά 'ναι.

Δώδεκα μέρες κιόλας, εἴχαμε μεῖς πιὸ πίσω στὰ χωριὰ κοιτάξει

THE MARCH TOWARD THE FRONT

AT DAYLIGHT on St. John's, the day after Epiphany, we got our orders to move up to the front again, out there where you don't find weekdays or holidays. We were to take over the line the Artans had been holding till then, from Khimara to Tepeleni. The reason being they'd been fighting since the first day, without a break, and only about half of them were left and they couldn't take it any longer.

Twelve whole days we'd been back there, in the villages. And just as our ears were again getting used to the sweet creaking of the earth and just as we'd begun gingerly to make sense out of a dog's barking or the clang of a distant church bell, they tell us we have to go back to the only sound we really knew: the slow and heavy cannon, the dry and quick machine guns.

Night after night we trudged ahead without stopping, one behind the other, like the blind — sweating to pull our feet out of the mud, sometimes in it up to our knees. Because it was usually drizzling out there on the road, just as it was inside us. And the few times we'd pull up for a rest, not a word, everyone serious and silent, we'd share our raisins one by one under the light from a bit of pine kindling. Or sometimes, when we got the chance, we'd rip off our gear and scratch ourselves wildly until we drew blood. Cause the lice were up to our ears, and that was even harder to take than being tired. Finally, through the darkness you'd hear a whistle signaling us to move out, and we'd push off again like pack animals to gain ground before daylight, when we'd make an open target for the airplanes. Because God didn't know about targets and things, so he'd stick to his habit of making the light come up at the same time every day.

Then, hidden in the ravines, we'd lay our heads down on the heavy side, the one that doesn't give out dreams. And the birds would get mad at us, thinking we weren't taking their talk very seriously — and maybe also because we were disfiguring nature for no reason. We were farmers of a different kind, carrying picks and tools of a different kind, damn them.

Twelve whole days back there in the villages we'd gazed for hours on

35

σὲ κατρέφτη, ὧρες πολλές, τὸ γύρο τοῦ προσώπου μας. Κι ἀπάνω
ποὺ συνήθιζε ξανὰ τὸ μάτι μας τὰ γνώριμα παλιὰ σημάδια, καὶ δειλὰ
συλλαβίζαμε τὸ χεῖλο τὸ γυμνὸ ἢ τὸ χορτάτο ἀπὸ τὸν ὕπνο μάγουλο,
νά ποὺ τὴ δεύτερη τὴ νύχτα σάμπως πάλι ἀλλάζαμε, τὴν τρίτη ἀκόμη
πιὸ πολύ, τὴν ὕστερη, τὴν τέταρτη, πιὰ φανερό, δὲν ἤμασταν οἱ ἴδιοι.
Μόνε σὰ νὰ πηγαίναμε μπουλούκι ἀνάκατο, θαρροῦσες, ἀπ' ὅλες τὶς
γενιὲς καὶ τὶς χρονιές, ἄλλοι τῶν τωρινῶν καιρῶν κι ἄλλοι πολλὰ πα-
λιῶν, πού'χαν λευκάνει ἀπ' τὰ περίσσια γένια. Καπεταναῖοι ἀγέλαστοι
μὲ τὸ κεφαλοπάνι, καὶ παπάδες θεριά, λοχίες τοῦ 97 ἢ τοῦ 12, μπαλ-
τζῆδες βλοσυροὶ πάνου ἀπ' τὸν ὦμο σειώντας τὸ πελέκι, ἀπελάτες
καὶ σκουταροφόροι μὲ τὸ αἷμα ἐπάνω τους ἀκόμη Βουργάρων καὶ
Τούρκων. Ὅλοι μαζί, δίχως μιλιά, χρόνους ἀμέτρητους ἀγκομαχώντας
πλάι-πλάι, διαβαίναμε τὶς ράχες, τὰ φαράγγια, δίχως νὰ λογαριά-
ζουμε ἄλλο τίποτε. Γιατὶ καθὼς ὅταν βαροῦν ἀπανωτὲς ἀναποδιὲς
τοὺς ἴδιους τοὺς ἀνθρώπους πάντα, συνηθᾶν ἐκεῖνοι στὸ Κακό, τέλος
τοῦ ἀλλάζουν ὄνομα, τὸ λὲν Γραμμένο ἢ Μοίρα — ἔτσι κι ἐμεῖς ἐπρο-
χωρούσαμε ἴσια πάνου σ' αὐτὸ ποὺ λέγαμε Κατάρα, ὅπως θὰ λέγαμε
Ἀντάρα ἢ Σύγνεφο. Μὲ κόπο ξεκολλώντας τὸ ποδάρι ἀπὸ τὴ λάσπη
ὅπου φορὲς ἐκαταβούλιαζε ἴσαμε τὸ γόνατο. Ἐπειδὴ τὸ πιὸ συχνά,
ψιχάλιζε στοὺς δρόμους ἔξω καθὼς μὲς στὴν ψυχή μας.
    Κι ὅτι ἤμασταν σιμὰ πολὺ στὰ μέρη ὅπου δὲν ἔχει καθημερι-
νὲς καὶ σκόλες, μήτε ἀρρώστους καὶ γερούς, μήτε φτωχοὺς καὶ πλού-
σιους, τὸ καταλαβαίναμε. Γιατὶ κι ὁ βρόντος πέρα, κάτι σὰν καται-
γίδα πίσω ἀπ' τὰ βουνά, δυνάμωνε ὁλοένα, τόσο ποὺ καθαρὰ στὸ τέ-
λος νὰ διαβάζουμε τὸ ἀργὸ καὶ τὸ βαρὺ τῶν κανονιῶν, τὸ ξερὸ καὶ
τὸ γρήγορο τῶν πολυβόλων. Ὕστερα καὶ γιατί, ὁλοένα πιὸ συχνά, τύ-
χαινε τώρα ν' ἀπαντοῦμε, ἀπ' τ' ἄλλο μέρος νά 'ρχονται, οἱ ἀργὲς οἱ
συνοδεῖες· μὲ τοὺς λαβωμένους. Ὅπου ἀπιθώνανε χάμου τὰ φορεῖα
οἱ νοσοκόμοι, μὲ τὸν κόκκινο σταυρὸ στὸ περιβραχιόνιο, φτύνοντας
μέσα στὶς παλάμες, καὶ τὸ μάτι τους ἄγριο γιὰ τσιγάρο. Κι ὅπου κα-
τόπι σὰν ἀκούγανε γιὰ ποῦ τραβούσαμε, κουνοῦσαν τὸ κεφάλι, ἀρ-
χινώντας ἱστορίες γιὰ σημεῖα καὶ τέρατα. Ὅμως ἐμεῖς τὸ μόνο ποὺ
προσέχαμε ἦταν ἐκεῖνες οἱ φωνὲς μέσα στὰ σκοτεινά, ποὺ ἀνέβαιναν,
καυτὲς ἀκόμη ἀπὸ τὴν πίσσα τοῦ βυθοῦ ἢ τὸ θειάφι. «Ὄι ὄι, μάνα
μου», «ὄι ὄι, μάνα μου», καὶ κάποτε, πιὸ σπάνια, ἕνα πνιχτὸ μου-
σούνισμα, ἴδιο ροχαλητό, πού 'λεγαν, ὅσοι ξέρανε, εἶναι αὐτὸς ὁ ρόγχος
τοῦ θανάτου.

end at the shape of our faces in the mirror. And just as our eyes were getting used again to the old familiar features, and just as we'd begun gingerly to make sense of the bare upper lip or the sleep-filled cheek, they tell us we have to move, so that by the second night we began to feel we were changing again, more so by the third, until on the last, the fourth, it was clear we were no longer the same. Except it seemed we were marching along like a gang made up of all generations and ages, some from now and some from ancient times, turned white by too much beard. Scowling mountain chieftains with their headbands, tough priests, sergeants from the wars of '97 and '12, grim pioneers swinging their axes, Byzantine border guards with their maces and shields still covered with the blood of Turks and Bulgars. Together, no one speaking, groaning on side by side numberless years, crossing mountain ridges and the gorges between, no thought about anything else. Because just as people who get the bad breaks again and again become used to Evil and end up changing its name to Destiny or Fate, so we kept heading straight ahead for what we called the Plague, as we might have said the Fog or the Cloud – sweating to pull our feet out of the mud, sometimes in it up to our knees. Because it was usually drizzling out there on the road, just as it was inside us.

That we were very near the place where you don't find weekdays or holidays, sick people or healthy people, poor or rich, we now knew. Because the roar ahead, like a storm beyond the mountains, kept growing, so that in the end we could clearly read the slow and heavy cannon, the dry and quick machine guns. Also because more and more we started coming across the slow procession of the wounded, heading out the other way. And the medics, with the red cross on their arm bands, would set their stretchers down and spit on their hands, eyes wild for a cigarette. And when they'd hear where we were going, they'd shake their heads and start their tales of blood and terror. But we, the only thing we listened to were those other voices rising in the darkness, still scalding from the fire and brimstone of the depths. "Oi, oi, mana mou," "oi, oi, mana mou." And sometimes, less often, the sound of stifled breathing, like a snore, and those who knew said that was the rattle of death.

37

Ήταν φορές πού ἐσέρνανε μαζί τους κι αἰχμαλώτους, μόλις πιασμένους λίγες ὧρες πρίν, στὰ ξαφνικὰ γιουρούσια πού κάναν τὰ περίπολα. Βρωμούσανε κρασὶ τὰ χνῶτα τους, κι οἱ τσέπες τους γιομάτες κονσέρβα ἢ σοκολάτες. Ὅμως ἐμεῖς δὲν εἴχαμε, ὅτι κομμένα τὰ γιοφύρια πίσω μας, καὶ τὰ λίγα μουλάρια μας κι ἐκεῖνα ἀνήμπορα μέσα στὸ χιόνι καὶ στὴ γλιστράδα τῆς λασπουριᾶς.

Τέλος, κάποια φορά, φανήκανε μακριὰ οἱ καπνοὶ πού ἀνέβηναν μεριὲς-μεριές, κι οἱ πρῶτες στὸν ὁρίζοντα κόκκινες, λαμπερὲς φωτοβολίδες.

Sometimes they dragged along with them prisoners captured a few hours before in surprise raids by our patrols. Their breath stank of wine and their pockets were full of canned goods or chocolates. But we had nothing, the bridges cut off behind us and our few mules helpless in the snow and the slippery muck.

Finally the moment came when we saw smoke rising here and there in the distance, and along the horizon the first bright red flares.

ΝΕΟΣ πολὺ καὶ γνώρισα ❈ τῶν ἑκατὸ χρονῶ φωνές
"Οχι τοῦ δάσους μία στιγμὴ ❈ στὰ στέρνα ὁ πεύκινος τριγμός
Μόνο τοῦ σκύλου ποὺ ἀλυχτᾶ ❈ στὰ βουνὰ τ᾽ ἀνδροβάδιστα
Τῶν χαμηλῶν σπιτιῶν καπνοὶ ❈ καὶ κείνων ποὺ ψυχορραγοῦν
Ἡ ἀνομολόγητη ματιὰ ❈ τοῦ κόσμου τοῦ ἄλλου ἡ ταραχή

"Οχι ποὺ ἀργοῦν στὸν ἄνεμο ❈ τῶν πελαργῶν μικρὲς κρωξιές
Πέφτει ἡ γαλήνη σὰ βροχὴ ❈ καὶ γρούζουν τὰ κηπευτικά
Μόνο τοῦ ζώου ποὺ σπαρταρᾶ ❈ τὰ πνιχτὰ κι ἀσυλλάβιστα
Τῆς Παναγίας δύο φορὲς ❈ ὁ μαῦρος γύρος τῶν ματιῶν
Στὴν πεδιάδα τῆς ταφῆς ❈ καὶ στὴν ποδιὰ τῶν γυναικῶν

Μόνο τῆς θύρας χτύπημα ❈ κι ὅταν ἀνοίξεις πιὰ κανείς
Μήτε σημάδι κἂν χεριοῦ ❈ στὴ λίγη πάχνη τῶν μαλλιῶν
Χρόνους πολλοὺς κι ἂν καρτερῶ ❈ γαληνεμὸ δὲν ἔλαβα
Στῶν ἀδερφῶν τὴ μοιρασιὰ ❈ μοῦ δόθη ὁ κλῆρος ὁ λειψός
Ἡ πετροκόλλητη σαγὴ ❈ καὶ τὸ ζακόνι τῶν φιδιῶν

b

THOUGH *very young I came to know the voices of a hundred years,*
Not the moment of piny creaking in the forest's heart,
Only the dog's howling on man-trodden mountains,
Smoke from low houses, and the other world's turmoil
In the unspeakable glance of those breathing their last.

Not the small stork cries dallying in the wind,
Or, when quiet falls like rain, the growling of vegetables,
Only the stifled and inarticulate writhing of animals,
The black circles under the Virgin's eyes, twice:
For the burial plain and the women's aprons.

Only the knocking at the door, and by the time you open: no one,
Not even the trace of a hand on the hair's light frost.
Though I've waited many years, quiet was never given me.
When sharing with my brothers, I was granted the shortened portion:
The pebble-studded harness and the serpent's ways.

Τον πλοττο δὲν ἔδωκες ποτὲ σὲ μένα
τὸν ὁλοένα ἐρημούμενο ἀπὸ τὶς φυλὲς τῶν Ἠπείρων
καὶ ἀπ᾽ αὐτὲς πάλι ἀλαζονικά, ὁλοένα, δοξαζόμενο!
Ἔλαβε τὸν Βότρυ ὁ Βορρᾶς
    καὶ τὸν Στάχυ ὁ Νότος
τὴ φορὰ τοῦ ἀνέμου ἐξαγοράζοντας
    καὶ τῶν δέντρων τὸν κάματο δύο καὶ τρεῖς φορὲς
ἀνόσια ἐξαργυρώνοντας.
Ἄλλο ἐγώ,
πάρεξ τὸ θυμάρι στὴν καρφίδα τοῦ ἥλιου δὲν ἐγνώρισα
    καὶ πάρεξ
τὴ σταγόνα τοῦ νεροῦ στ᾽ ἄκοπα γένια μου δὲν ἔνιωσα
    μὰ τραχὺ τὸ μάγουλο ἔθεσα στὸ τραχύτερο τῆς πέτρας
αἰῶνες κι αἰῶνες.
Ἐκοιμήθηκα πάνω στὴν ἔγνοια τῆς αὐριανῆς ἡμέρας
ὅπως ὁ στρατιώτης ἐπάνω στὸ τουφέκι του.
Καὶ τὰ ἐλέη τῆς νύχτας ἐρεύνησα
ὅπως ὁ ἀσκητὴς τὸ Θεό του.
Ἀπὸ τὸν ἱδρώτα μου ἔδεσαν διαμάντι
καὶ στὰ κρυφὰ μοῦ ἀντικαταστήσανε
    τὴν παρθένα τοῦ βλέμματος.
Ἐζυγίσανε τὴ χαρά μου καὶ τὴ βρήκανε, λέει, μικρὴ
    καὶ τὴν πατήσανε χάμου σὰν ἔντομο.
Τὴ χαρά μου χάμου πατήσανε καὶ στὴν πέτρα μέσα τὴν κλείσανε
καὶ στερνὰ τὴν πέτρα μοῦ ἀφήσανε,
τρομερὴ ζωγραφιά μου.
Μὲ πελέκι βαρὺ τὴ χτυποῦν, μὲ σκαρπέλο σκληρὸ τὴν τρυποῦν,
μὲ καλέμι πικρὸ τὴ χαράζουν, τὴν πέτρα μου.
Κι ὅσο τρώει τὴν ὕλη ὁ καιρός, τόσο βγαίνει πιὸ καθαρὸς
ὁ χρησμὸς ἀπ᾽ τὴν ὄψη μου:

TΗΝ ΟΡΓΗ ΤΩΝ ΝΕΚΡΩΝ ΝΑ ΦΟΒΑΣΤΕ
ΚΑΙ ΤΩΝ ΒΡΑΧΩΝ Τ᾽ ΑΓΑΛΜΑΤΑ!

III

RICHES you've never given me,
devastated as I've always been by the tribes of the Continents,
also glorified by them always, arrogantly!
The North was granted the Vine
and the South the Ear of Corn,
ransoming the wind's course,
profanely cashing in
the trees' labor twice and thrice.
I nothing,
knowing only heather in the sun's thorn,
feeling only
a drop of water on my untrimmed beard
while I laid my rough cheek on rougher stone
for ages and ages.
I slept on the next day's worry
like a soldier on his rifle.
I explored the night's bounties
like an ascetic his God.
Out of my sweat they set a diamond
and stealthily supplanted
the virgin of my eye.
They weighed my joy and said they found it wanting
and they crushed it underfoot like an insect.
They crushed my joy underfoot and locked it in a stone
and they finally left me with the stone,
my terrifying image.
They pound it with a heavy axe, they pierce it with a hard drill,
they bruise it with a bitter chisel, my stone.
And as time devours the substance, the oracle on my face
becomes clearer and clearer:

FEAR THE WRATH OF THE DEAD
AND THE STATUES OF THE ROCKS!

43

Δ΄

Τις ΗΜΕΡΕΣ ΜΟΥ ἄθροισα καὶ δὲ σὲ βρῆκα
πουθενά, ποτέ, νὰ μοῦ κρατεῖς τὸ χέρι
στὴ βοὴ τῶν γκρεμῶν καὶ στῶν ἄστρων τὸν κυκεώνα μου!
Πῆραν ἄλλοι τὴ Γνώση καὶ ἄλλοι τὴν Ἰσχύ
τὸ σκοτάδι μὲ κόπο χαράζοντας
καὶ μικρὲς προσωπίδες, τὴ χαρὰ καὶ τὴ θλίψη,
στὴ φθαρμένη τὴν ὄψη ἁρμόζοντας.
Μόνος, ὄχι ἐγώ, προσωπίδες δὲν ἄρμοσα,
τὴ χαρὰ καὶ τὴ θλίψη πίσω μου ἔριξα,
γενναιόδωρα πίσω μου ἔριξα
τὴν Ἰσχὺ καὶ τὴ Γνώση.
Τὶς ἡμέρες μου ἄθροισα κι ἔμεινα μόνος.
Εἶπαν ἄλλοι: γιατί; κι αὐτὸς νὰ κατοικήσει
τὸ σπίτι μὲ τὶς γλάστρες καὶ τὴ λευκὴ μνηστή.
Ἄλογα τὰ πυρρὰ καὶ τὰ μαῦρα μοῦ ἄναψαν
γινάτι γι' ἄλλες, πιὸ λευκὲς Ἑλένες!
Γι' ἄλλη, πιὸ μυστικὴν ἀντρεία λαχτάρησα
κι ἀπὸ κεῖ ποὺ μὲ μπόδισαν, ὁ ἀόρατος, κάλπασα
στοὺς ἀγροὺς τὶς βροχὲς νὰ γυρίσω
καὶ τὸ αἷμα πίσω νὰ πάρω τῶν νεκρῶν μου τῶν ἄθαφτων!
Εἶπαν ἄλλοι: γιατί; κι ἐκεῖνος νὰ γνωρίσει
κι ἐκεῖνος τὴ ζωὴ μέσα στὰ μάτια τοῦ ἄλλου.
Ἄλλου μάτια δὲν εἶδα, δὲν ἀντίκρισα
παρὰ δάκρυα μέσα στὸ Κενὸ ποὺ ἀγκάλιαζα
παρὰ μπόρες μέσα στὴ γαλήνη ποὺ ἄντεχα.
Τὶς ἡμέρες μου ἄθροισα καὶ δὲ σὲ βρῆκα
καὶ τὰ ὅπλα ζώστηκα καὶ μόνος βγῆκα
στὴ βοὴ τῶν γκρεμῶν καὶ στῶν ἄστρων τὸν κυκεώνα μου!

44

IV

I ADDED UP my days yet did not find you
anywhere, ever, holding my hand
in the roar of precipices and my confusion of stars!
Others took Knowledge and others Power,
streaking darkness with effort,
fitting their withered faces
with little masks of joy and sorrow.
Not I — I alone fit no masks
but cast joy and sorrow behind me,
generously cast Power and Knowledge
behind me.
I added up my days and was left alone.
Others said: Why? He too should live
in a house with flower pots and a white bride.
Horses, red and black, kindled in me
a stubborn urge for other, whiter Helens!
I longed for another, more secret manliness,
and from where they hindered me, invisible, I galloped
to return the rains to the fields
and to reclaim the blood of my unburied dead!
Others said: Why? He too should know
life in the eyes of someone else.
I did not see the eyes of anyone else but faced
only tears in the Void I was embracing,
only thunderstorms in the quiet I was enduring.
I added up my days yet did not find you,
and I took up my weapons and went out alone
in the roar of precipices and my confusion of stars!

ΜΟΝΟΣ κυβέρνησα   ✵   τὴ θλίψη μου
Μόνος ἀποίκησα   ✵   τὸν ἐγκαταλειμμένο Μάιο
Μόνος ἐκόλπωσα   ✵   τὶς εὐωδιές
Ἐπάνω στὸν ἀγρὸ   ✵   μὲ τὶς ἀλκυονίδες
Τάισα τὰ λουλούδια κίτρινο   ✵   βουκόλισα τοὺς λόφους
Ἐπυροβόλησα τὴν ἐρημιά   ✵   μὲ κόκκινο!
Εἶπα: δὲ θά 'ναι ἡ μαχαιριὰ   ✵   βαθύτερη ἀπὸ τὴν κραυγή
Καὶ εἶπα: δὲ θά 'ναι τὸ Ἄδικο   ✵   τιμιότερο ἀπ' τὸ αἷμα!
Τὸ χέρι τῶν σεισμῶν   ✵   τὸ χέρι τῶν λιμῶν
Τὸ χέρι τῶν ἐχτρῶν   ✵   τὸ χέρι τῶν δικῶν
Μου, ἐφρένιασαν ἐχάλασαν   ✵   ἐρήμαξαν ἀφάνισαν
Μία καὶ δύο   ✵   καὶ τρεῖς φορές
Προδόθηκα κι ἀπόμεινα   ✵   στὸν κάμπο μόνος
Πάρθηκα καὶ πατήθηκα   ✵   σὰν κάστρο μόνος
Τὸ μήνυμα ποὺ σήκωνα   ✵   τ' ἄντεξα μόνος!

Μόνος ἀπέλπισα   ✵   τὸ θάνατο
Μόνος ἐδάγκωσα   ✵   μὲς στὸν Καιρὸ μὲ δόντια πέτρινα
Μόνος ἐκίνησα   ✵   γιὰ τὸ μακρὺ
Ταξίδι σὰν τῆς σάλ   ✵   πιγγας μὲς στοὺς αἰθέρες!
Ἦταν στὴ δύναμή μου ἡ Νέμεση   ✵   τὸ ἀτσάλι κι ἡ ἀτιμία
Νὰ προχωρήσω μὲ τὸν κορνιαχτὸ   ✵   καὶ τ' ἄρματα
Εἶπα: μὲ μόνο τὸ σπαθὶ   ✵   τοῦ κρύου νεροῦ θὰ παραβγῶ
Καὶ εἶπα: μὲ μόνο τὸ Ἄσπιλο   ✵   τοῦ νοῦ μου θὰ χτυπήσω!
Στὸ πεῖσμα τῶν σεισμῶν   ✵   στὸ πεῖσμα τῶν λιμῶν
Στὸ πεῖσμα τῶν ἐχτρῶν   ✵   στὸ πεῖσμα τῶν δικῶν
Μου, ἀνάντισα κρατήθηκα   ✵   ψυχώθηκα κραταιώθηκα
Μία καὶ δύο   ✵   καὶ τρεῖς φορὲς
Θεμέλιωσα τὰ σπίτια μου   ✵   στὴ μνήμη μόνος
Πῆρα καὶ στεφανώθηκα   ✵   τὴν ἄλω μόνος
Τὸ στάρι ποὺ εὐαγγέλισα   ✵   τό 'δρεψα μόνος!

C

ALONE *I governed my sorrow,*
Alone I colonized the abandoned month of May,
Alone I swelled fragrances
On fields in halcyon days,
Fed yellow to the flowers, herded the hills,
Shot red into the wilderness!
I said: the stab wound will not be deeper than the wounded cry,
And I said: Injustice will not be more venerable than blood!
The hand of earthquakes, the hand of famines,
The hand of foes and kin
Raged, destroyed, devastated, annihilated
Once and twice and three times over
Betrayed, I remained on the plain, alone,
Stormed, I was taken in the castle, alone,
The message I raised I endured alone!

Alone I discouraged death,
Alone I bit into Time with teeth of stone,
Alone I set off on the long journey
Like the trumpet's call through the skies.
Nemesis, steel and fraud were in my power,
I could have marched on with a cloud of dust and armaments.
I said: I'll compete with only the sword of cold waters,
And I said: I'll strike out with only the Stainless of my mind!
In spite of earthquakes, in spite of famines,
In spite of foes and kin,
I stood my ground, I held my own, I grew in spirit, grew in strength
Once and twice and three times over
I built my houses on memory, alone,
I took the halo and crowned myself, alone,
The wheat I heralded I reaped alone!

ΑΝΑΓΝΩΣΜΑ ΔΕΥΤΕΡΟ

ΟΙ ΗΜΙΟΝΗΓΟΙ

ΤΙΣ ΗΜΕΡΕΣ ΕΚΕΙΝΕΣ ἔφτασαν ἐπιτέλους ὕστερα ἀπὸ τρεῖς σωστὲς ἑβδομάδες οἱ πρῶτοι στὰ μέρη μας ἡμιονηγοί. Καὶ ἔλεγαν πολλὰ γιὰ τὶς πολιτεῖες ποὺ διάβηκαν, Δέλβινο, Ἅγιοι Σαράντα, Κορυτσά. Καὶ ξεφόρτωναν τὴ ρέγγα καὶ τὸ χαλβὰ κοιτάζοντας νὰ ξετελέψουν μιὰ ὥρα ἀρχύτερα καὶ νὰ φύγουνε. Ὅτι δὲν ἦταν συνηθισμένοι καὶ τοὺς ἐτρόμαζε τὸ βρόντισμα στὰ βουνὰ καὶ τὸ μαῦρο γένι στὴ φαγωμένη τὴν ὄψη μας.

Καὶ συνέβηκε τότες ἕνας ἀπ' αὐτοὺς νά 'χει μαζί του κάτι παλιὲς ἐφημερίδες. Καὶ διαβάζαμε ὅλοι ἀπορημένοι, μ' ὅλο ποὺ τό 'χαμε κιόλας ἀκουστά, πῶς ἐπανηγύριζαν στὴν πρωτεύουσα καὶ πῶς ὁ κόσμος ἐσήκωνε, λέει, ψηλὰ στὰ χέρια τοὺς φαντάρους ποὺ γυρίζανε μὲ ἄδειες ἀπὸ τὰ γραφεῖα τῆς Πρέβεζας καὶ τῆς Ἄρτας. Καὶ σημαίνανε ὅλη μέρα οἱ καμπάνες, καὶ τὸ βράδυ στὰ θέατρα λέγανε τραγούδια καὶ παριστάνανε στὴ σκηνὴ τὴ ζωή μας γιὰ νὰ χειροκροτᾶ ὁ κοσμάκης.

Βαρειὰ σιωπὴ ἔπεσε ἀνάμεσό μας, ἐπειδὴ κι ἡ ψυχή μας εἶχε μῆνες τώρα μέσα στὶς ἐρημιὲς ἀγριέψει, καί, χωρὶς νὰ τὸ λέμε, πολὺ λογαριάζαμε τὰ χρόνια μας. Μάλιστα μιὰ στιγμὴ δάκρυσε ὁ λοχίας ὁ Ζώης κι ἔκανε πέρα τὰ χαρτιὰ μὲ τὶς εἰδήσεις τοῦ κόσμου, ἀνοίγοντας τὰ πέντε δάχτυλα καταπάνω τους. Καὶ οἱ ἄλλοι ἐμεῖς δὲ λέγαμε τίποτε, μονάχα μὲ τὰ μάτια τοῦ δείχναμε κάτι σὰν εὐγνωμοσύνη.

Τότε ὁ Λευτέρης, ποὺ τύλιγε παρέκει τσιγάρο, καρτερικά, σὰ νά 'χε πάρει ἀπάνω του τὴν ἀνημπόρια ὁλάκερης τῆς Οἰκουμένης, γύρισε καὶ «Λοχία» εἶπε «τί βαρυγκομᾶς; Αὐτοὶ ποὺ 'ναι ταγμένοι γιὰ τὴ ρέγγα καὶ τὸ χαλβά, σ' αὐτὰ πάντοτε θὰ ξαναγυρίζουν. Καὶ οἱ ἄλλοι στὰ δεφτέρια τους ποὺ δὲν ἔχουνε τελειωμό, καὶ οἱ ἄλλοι στὰ κρεβάτια τους τὰ μαλακὰ ποὺ τὰ στρώνουν μὰ δὲν τὰ ὁρίζουν. Ἀλλὰ κάτεχε ὅτι μονάχα κεῖνος ποὺ παλεύει τὸ σκοτάδι μέσα του θά 'χει μεθαύριο μερτικὸ δικό του στὸν ἥλιο» Καὶ ὁ Ζώης: «Τί λοιπόν, θαρρεῖς ὅτι δὲν ἔχω κι ἐγὼ γυναίκα καὶ χωράφια καὶ βάσανα τῆς καρδιᾶς ποὺ κάθομαι καὶ φυλάγω δωνὰ στὶς ἐξορίες;» Τοῦ ἀποκρίθηκε ὁ Λευτέρης: «Αὐτὰ ποὺ δὲν ἀγαπᾶ κανείς, αὐτά, λοχία μου, νὰ φοβᾶται, τί τά 'χει ἀπὸ τὰ πρὶν χαμένα κι ἂς τὰ σφίγγει ὅσο θέλει ἀπάνω του. Ἀλλὰ τὰ πράγματα τῆς καρδιᾶς τρόπος δὲν εἶναι νὰ χαθοῦν, ἔννοια

48

THE MULE DRIVERS

IN THOSE DAYS, at long last, after three full weeks, the first mule drivers reached our territory. And they told us a lot about the towns they'd passed through – Délvino, Saints Saránda, Koritsá. And they unloaded their salt herring and biscuits with an eye to finishing up as soon as possible and taking off. Because they weren't used to this booming from the mountains, it scared them, and so did the black beards on our wasted faces.

And it happened then that one of them had some old newspapers on him. And all of us read with amazement – though we'd heard rumors about it already – how they were celebrating in the capital and how people in the streets would carry on their shoulders those fighting men back on leave from their offices in Prevesa and Arta. And the bells would ring the day long, and in the evening at the theaters they would sing songs and act out our lives on stage for the crowd to applaud.

Heavy silence fell among us, because our souls had turned fierce from so many months in the wilderness, and, without saying so, we'd become very tight about what years we had left. In fact at one point Sergeant Zois, tears welling in his eyes, brushed aside the rags with news of the world, giving it the five-fingered sign. And the rest of us didn't say a thing, except that our eyes showed him something like gratitude.

Then Lefteris, who was standing off by himself rolling a cigarette stoically, as though carrying the helplessness of the universe on his shoulders, turned to say: "Sergeant, what's the point of fuming about it? Those who are ordained for herring and biscuits will always go back to herring and biscuits. And the same goes for those with their endless paperwork, and for those who make their soft beds but don't control them. But let me tell you one thing: only he who wrestles with the darkness inside him will find his own place in the sun someday." Then Zois: "So you think I don't have a wife and fields and troubles of my own, sitting here on watch in the wilderness?" And Lefteris answered: "The things one doesn't love, Sarge, are the things to fear, because they're lost already, no matter how much you try to cling to them. But there's no way you can lose the things of the heart, don't you worry, and that's what the wilderness works for. Sooner or later, those who

σου, καὶ γι' αὐτὰ οἱ ἐξορίες δουλεύουν. Ἀργὰ - γρήγορα κεῖνοι ποὺ εἶναι νὰν τὰ βροῦν, θὰν τὰ βροῦν». Πάλι ρώτησε ὁ λοχίας ὁ Ζώης : «Καὶ ποιὸς λὲς τάχα τοῦ λόγου σου ὅτι θὰν τὰ βρεῖ;» Τότε ὁ Λευτέρης, ἀργά, δείχνοντας μὲ τὸ δάχτυλο : «Ἐσὺ κι ἐγὼ κι ὅ,τι ἄλλο δείξει, ἀδερφέ μου, ἡ ὥρα ἐτούτη ποὺ μᾶς ἀκούει.»

Καὶ εὐθὺς ἀκούστηκε στὸν ἀέρα ἡ σκοτεινὴ σφυριγματιὰ τῆς ὀβίδας ποὺ ἔφτανε. Καὶ πέσαμε ὅλοι καταγῆς μπρούμυτα, πάνω στὶς σκάρπες, ὅτι γνωρίζαμε ἀπόξω πιὰ τὰ σημάδια τοῦ Ἀόρατου, καὶ μὲ τ' αὐτί μας ὁρίζαμε ἀπὸ πρὶν τὸ μέρος ὅπου θά 'σμιγε ἡ φωτιὰ τὸ χῶμα ν'̓ ἀνοίξει καὶ νὰ χυθεῖ. Καὶ δὲν ἐπείραξε ἡ φωτιὰ κανέναν. Κάτι μουλάρια μονάχα σηκώθηκαν στὰ πισινά τους ποδάρια καὶ ἄλλα ταράχτηκαν καὶ σκόρπισαν. Καὶ μέσα στὴν κάπνα ποὺ κατακάθιζε θωροῦσες νὰ τρέχουνε πίσω τους χειρονομώντας οἱ ἄνθρωποι ποὺ τά 'χανε φέρει μὲ κόπους ἴσαμε κεῖ. Καὶ τὰ πρόσωπά τους χλωμά, καὶ ξεφόρτωναν τὴ ρέγγα καὶ τὸ χαλβὰ κοιτάζοντας νὰ ξετελέψουν μιὰ ὥρα ἀρχύτερα καὶ νὰ φύγουνε, ὅτι δὲν ἤτανε μαθημένοι καὶ τοὺς ἐτρόμαζε τὸ βρόντισμα στὰ βουνὰ καὶ τὸ μαῦρο γένι στὴ φαγωμένη τὴν ὄψη μας

50

are meant to find them will find them." Then Zois asked again: "So who in your opinion is going to find them?" Then Lefteris, slowly, pointing his finger: "You and I, brother, and anybody else chosen by the moment that's listening to us."

And right then we heard, whistling dark in the air, the shell about to reach us. And we all hit the dirt and lay there face down on the brambles, because by now we knew the markings of the Invisible by heart, and our ears could spot in advance exactly where the fire would open the earth and spill out. And the fire didn't hurt a thing, only a few of the mules reared up on their hind legs and some others scattered in their fright. And as the smoke settled you could see the men who'd led them up there with so much trouble chasing after them with wild gestures. And their faces pale, they went on unloading the herring and biscuits with an eye to finishing up as soon as possible and taking off, because they weren't used to this booming from the mountains, it scared them, and so did the black beards on our wasted faces.

δ'

Ενα τὸ χελιδόνι ❀ κι ἡ Ἄνοιξη ἀκριβή
Γιὰ νὰ γυρίσει ὁ ἥλιος ❀ θέλει δουλειὰ πολλή
Θέλει νεκροὶ χιλιάδες ❀ νά 'ναι στοὺς Τροχούς
Θέλει κι οἱ ζωντανοὶ ❀ νὰ δίνουν τὸ αἷμα τους.

Θέ μου Πρωτομάστορα ❀ μ' ἔχτισες μέσα στὰ βουνὰ
Θέ μου Πρωτομάστορα ❀ μ' ἔκλεισες μὲς στὴ θάλασσα!

Πάρθηκεν ἀπὸ Μάγους ❀ τὸ σῶμα τοῦ Μαγιοῦ
Τό 'χουνε θάψει σ' ἕνα ❀ μνῆμα τοῦ πέλαγου
Σ' ἕνα βαθὺ πηγάδι ❀ τό 'χουνε κλειστὸ
Μύρισε τὸ σκοτάδι ❀ κι ὅλη ἡ Ἄβυσσο.

Θέ μου Πρωτομάστορα ❀ μέσα στὶς πασχαλιὲς καὶ Σὺ
Θέ μου Πρωτομάστορα ❀ μύρισες τὴν Ἀνάσταση!

Σάλεψε σὰν τὸ σπέρμα ❀ σὲ μήτρα σκοτεινὴ
Τὸ φοβερὸ τῆς μνήμης ❀ ἔντομο μὲς στὴ γῆ
Κι ὅπως δαγκώνει ἀράχνη ❀ δάγκωσε τὸ φῶς
Ἔλαμψαν οἱ γιαλοὶ ❀ κι ὅλο τὸ πέλαγος.

Θέ μου Πρωτομάστορα ❀ μ' ἔζωσες τὶς ἀκρογιαλιές
Θέ μου Πρωτομάστορα ❀ στὰ βουνὰ μὲ θεμέλιωσες!

d

A SOLITARY SWALLOW *and a costly spring,*
For the sun to turn it takes a job of work,
It takes a thousand dead sweating at the Wheels,
It takes the living also giving up their blood.

God my Master Builder, You built me into the mountains,
God my Master Builder, You enclosed me in the sea!

Magicians carried off the body of May,
They buried the body in a tomb of the sea,
They sealed it up in a deep well,
Its scent fills the darkness and all the Abyss.

God my Master Builder, You too among the Easter lilacs,
God my Master Builder, You felt the scent of Resurrection!

Wriggling like sperm in a dark womb,
The terrible insect of memory breaks through the earth
And bites the light like a hungry spider,
Making the shores glow and the sea radiant.

God my Master Builder, You girded me with seashores,
God my Master Builder, You founded me on mountains.

ΤΑ ΘΕΜΕΛΙΑ ΜΟΥ στὰ βουνὰ
καὶ τὰ βουνὰ σηκώνουν οἱ λαοὶ στὸν ὦμο τους
καὶ πάνω τους ἡ μνήμη καίει
ἄκαυτη βάτος.
Μνήμη τοῦ λαοῦ μου σὲ λένε Πίνδο καὶ σὲ λένε ῎Αθω.
Ταράζεται ὁ καιρὸς
κι ἀπ᾽ τὰ πόδια τὶς μέρες κρεμάζει
ἀδειάζοντας μὲ πάταγο τὰ ὀστᾶ τῶν ταπεινωμένων.
Ποιοί, πῶς, πότε ἀνέβηκαν τὴν ἄβυσσο;
Ποιές, ποιῶν, πόσων οἱ στρατιές;
Τ᾽ οὐρανοῦ τὸ πρόσωπο γυρίζει κι οἱ ἐχθροί μου ἔφυγαν μακριά.
Μνήμη τοῦ λαοῦ μου σὲ λένε Πίνδο καὶ σὲ λένε ῎Αθω.
᾽Εσὺ μόνη ἀπ᾽ τὴ φτέρνα τὸν ἄντρα γνωρίζεις
᾽Εσὺ μόνη ἀπ᾽ τὴν κόψη τῆς πέτρας μιλᾶς.
᾽Εσὺ τὴν ὄψη τῶν ἁγίων ὀξύνεις
κι ἐσὺ στοῦ νεροῦ τῶν αἰώνων τὴν ἄκρη σύρεις
πασχαλιὰν ἀναστάσιμη!
᾽Αγγίζεις τὸ νοῦ μου καὶ πονεῖ τὸ βρέφος τῆς ῎Ανοιξης!
Τιμωρεῖς τὸ χέρι μου καὶ στὰ σκότη λευκαίνεται!
Πάντα πάντα περνᾶς τὴ φωτιὰ γιὰ νὰ φτάσεις τὴ λάμψη.
Πάντα πάντα τὴ λάμψη περνᾶς
γιὰ νὰ φτάσεις ψηλὰ τὰ βουνὰ τὰ χιονόδοξα.
῝Ομως τί τὰ βουνά; Ποιὸς καὶ τί στὰ βουνά;
Τὰ θεμέλιά μου στὰ βουνὰ
καὶ τὰ βουνὰ σηκώνουν οἱ λαοὶ στὸν ὦμο τους
καὶ πάνω τους ἡ μνήμη καίει
ἄκαυτη βάτος!

V

MY FOUNDATIONS on mountains,
and the people carry the mountains on their shoulders
    and on these mountains memory burns
like the unconsumed bush.
    Memory of my people, they call you Pindos and they call you Athos.
Time is in turmoil
    and hangs days by the feet
emptying the bones of the humbled with a sudden clatter.
    Who, how, when did they climb the abyss?
Which, whose, how many armies?
    The face of the sky turns and my enemies have gone far away.
Memory of my people, they call you Pindos and they call you Athos.
    You alone know the man by his heel,
You alone speak by the stone's cutting edge.
    It is you who sharpens the features of the saints,
and you who drags the lilac of Resurrection
    to the rim of the eternal waters!
You touch my mind and it hurts the infant of Spring!
    You punish my hand and it turns whiter in the darkness!
You always pass through the fire to reach brightness.
    You always pass through the brightness
to reach the top of snow-haloed mountains.
    But what are the mountains? Who and what are on the mountains?
My foundations on mountains,
    and the people carry the mountains on their shoulders
and on these mountains memory burns
    like the unconsumed bush!

Ο ΠΟΙΗΤΗΣ τῶν νεφῶν καὶ τῶν κυμάτων κοιμᾶται μέσα μου!
Στὴ θηλὴ τῆς θύελλας τὰ σκοτεινά του χείλη
  καὶ ἡ ψυχή του πάντοτε μὲ τῆς θαλάσσης τὸ λάχτισμα
πάνω στὰ πόδια τοῦ ὄρους!
  Ξεριζώνει δρῦς καὶ δριμὺς κατεβαίνει ὁ θρηΐκιος.
Μικρὰ καράβια στοῦ κάβου τὸ γύρισμα
  ξάφνου μπατάρουν καὶ χάνονται.
Καὶ πάλι προβαίνουν ψηλὰ μὲς στὰ νέφη
  ἀπ' τὴν ἄλλη μεριὰ τοῦ βυθοῦ.
Στὶς ἄγκυρες ἔχουν κολλήσει τὰ φύκια
  στὰ γένια θλιμμένων ἁγίων.
Ὡραῖες ἀχτίδες γύρω στὴν ὄψη
  τὴν ἅλω τοῦ πόντου δονοῦν.
Νηστικοὶ κατὰ κεῖ τ' ἄδεια μάτια γυρίζουν οἱ γέροντες
  Κι οἱ γυναῖκες τὴ μαύρη σκιά τους ἐπάνω
στὸν ἄχραντο ἀσβέστη φοροῦν.
  Μαζί τους ἐγώ, τὸ χέρι κινῶ
Ποιητὴς τῶν νεφῶν καὶ τῶν κυμάτων!
  Στὸ σεμνὸ τενεκὲ μὲ τὸ χρῶμα βουτῶ
τὰ πινέλα μαζί τους καὶ βάφω :
  Τὰ καινούρια σκαριὰ
τὰ χρυσὰ καὶ τὰ μαῦρα εἰκονίσματα!
  Βοηθὸς καὶ σκέπη μας ῍Αη Κανάρη!
Βοηθὸς καὶ σκέπη μας ῍Αη Μιαούλη!
  Βοηθὸς καὶ σκέπη μας Ἁγιὰ Μαντώ!

THE POET of clouds and waves sleeps inside me!
His dark lips always on the hurricane's nipple
 and his soul always in the sea's kick
against the mountain's shin!
  The north wind invades from Thrace, uprooting oak trees.
Small craft rounding the cape
 suddenly turn over and vanish,
emerge again high among the clouds
 on the other side of the deep,
seaweed clinging to the anchors,
 to the beards of grieving saints.
Lovely rays around the face
 vibrate the halo of the open sea.
Old men fasting turn their vacant eyes that way,
 and the women clothe the immaculate whitewash
with their own black shadows.
 I too with them, moving my hand,
Poet of clouds and waves!
 Along with them I dip my brush
into the humble bucket and paint:
 the new hulls,
the gold and black icons!
 Saint Kanaris, be our aid and shelter!
Saint Miaoulis, be our aid and shelter!
 Saint Manto, be our aid and shelter!

ΗΡΘΑΝ
ντυμένοι "φίλοι„
αμέτρητες φορὲς οἱ ἐχθροί μου
τὸ παμπάλαιο χῶμα πατώντας.
Καὶ τὸ χῶμα δὲν ἔδεσε ποτὲ μὲ τὴ φτέρνα τους.
Ἔφεραν
τὸ Σοφό, τὸν Οἰκιστὴ καὶ τὸ Γεωμέτρη,
Βίβλους γραμμάτων καὶ ἀριθμῶν,
τὴν πᾶσα Ὑποταγὴ καὶ Δύναμη,
τὸ παμπάλαιο φῶς ἐξουσιάζοντας.
Καὶ τὸ φῶς δὲν ἔδεσε ποτὲ μὲ τὴ σκέπη τους.
Οὔτε μέλισσα κἂν δὲ γελάστηκε τὸ χρυσὸ ν' ἀρχινίσει παιχνίδι·
οὔτε ζέφυρος κάν, τὶς λευκὲς νὰ φουσκώσει ποδιές.
Ἔστησαν καὶ θεμέλιωσαν
στὶς κορφές, στὶς κοιλάδες, στὰ πόρτα
πύργους κραταιοὺς κι ἐπαύλεις
ξύλα καὶ ἄλλα πλεούμενα,
τοὺς Νόμους, τοὺς θεσπίζοντας τὰ καλὰ καὶ συμφέροντα,
στὸ παμπάλαιο μέτρο ἐφαρμόζοντας.
Καὶ τὸ μέτρο δὲν ἔδεσε ποτὲ μὲ τὴ σκέψη τους.
Οὔτε κἂν ἔνα χνάρι θεοῦ στὴν ψυχή τους σημάδι δὲν ἄφησε·
οὔτε κἂν ἔνα βλέμμα ξωθιᾶς τὴ μιλιά τους δὲν εἶπε νὰ πάρει.
Ἔφτασαν
ντυμένοι "φίλοι„
αμέτρητες φορὲς οἱ ἐχθροί μου,
τὰ παμπάλαια δῶρα προσφέροντας.
Καὶ τὰ δῶρα τους ἄλλα δὲν ἤτανε
παρὰ μόνο σίδερο καὶ φωτιά.
Στ' ἀνοιχτὰ ποὺ καρτέραγαν δάχτυλα
μόνον ὅπλα καὶ σίδερο καὶ φωτιά.
Μόνον ὅπλα καὶ σίδερο καὶ φωτιά.

VII

THEY CAME
dressed up as "friends,"
    came countless times, my enemies,
trampling the primeval soil.
    And the soil never blended with their heel.
They brought
    The Wise One, the Founder, and the Geometer,
Bibles of letters and numbers,
    every kind of Submission and Power,
to sway over the primeval light.
    And the light never blended with their roof.
Not even a bee was fooled into beginning the golden game,
    not even a Zephyr into swelling the white aprons.
On the peaks, in the valleys, in the ports
    they raised and founded
mighty towers and villas,
    floating timbers and other vessels;
and the Laws decreeing the pursuit of profit
    they applied to the primeval measure.
And the measure never blended with their thinking.
    Not even a footprint of a god left a mark on their soul,
not even a fairy's glance tried to rob them of their speech.
    They came
dressed up as "friends,"
    came countless times, my enemies,
bearing the primeval gifts.
    And their gifts were nothing else
but iron and fire only.
    To the open expecting fingers
only weapons and iron and fire.
    Only weapons and iron and fire.

ΗΡΘΑΝ
μὲ τὰ χρυσά σειρήτια
    τὰ πετεινά τοῦ Βορρᾶ καὶ τῆς Ἀνατολῆς τὰ θηρία!
Καὶ τὴ σάρκα μου στὰ δύο μοιράζοντας
    καὶ στερνὰ στὸ συκώτι μου ἐπάνω ἐρίζοντας
ἔφυγαν.
    "Γι' αὐτούς, εἶπαν, ὁ καπνὸς τῆς θυσίας,
καὶ γιὰ μᾶς τῆς φήμης ὁ καπνός,
    ἀμήν.„
Καὶ τὴν ἠχὼ σταλμένη ἀπὸ τὰ περασμένα
    ὅλοι ἀκούσαμε καὶ γνωρίσαμε.
Τὴν ἠχὼ γνωρίσαμε καὶ ξανὰ
    μὲ στεγνὴ φωνὴ τραγουδήσαμε:
Γιὰ μᾶς, γιὰ μᾶς τὸ ματωμένο σίδερο
    κι ἡ τριπλὰ ἐργασμένη προδοσία.
Γιὰ μᾶς ἡ αὐγὴ στὸ χάλκωμα
    καὶ τὰ δόντια τὰ σφιγμένα ὡς τὴν ὥρα τὴν ὕστερη
ὁ δόλος καὶ τ' ἀόρατο γάγγαμο.
    Γιὰ μᾶς τὸ σύρσιμο στὴ γῆς
ὁ κρυφὸς ὅρκος μὲς στὰ σκοτεινὰ
    τῶν ματιῶν ἡ ἀπονιὰ
κι ἡ ποτὲ καμιά, καμιὰ ποτὲ Ἀνταπόδοση.
    Ἀδελφοὶ μᾶς ἐγέλασαν!
"Γι' αὐτούς, εἶπαν, ὁ καπνὸς τῆς θυσίας,
    καὶ γιὰ μᾶς τῆς φήμης ὁ καπνός,
ἀμήν.„
    Ἀλλὰ σὺ μὲς στὸ χέρι μας τὸ λύχνο τοῦ ἄστρου
μὲ τὸ λόγο σου ἄναψες, τοῦ ἀθώου στόμα
    θύρα τῆς Παράδεισος!
Τὴν ἰσχὺ τοῦ καπνοῦ στὸ μέλλον βλέπουμε
    τῆς πνοῆς σου παίγνιο
καὶ τὸ κράτος καὶ τὴ βασιλεία του!

VIII

THEY CAME
with their gold braid,
    the fowl of the North and the beasts of the East!
After dividing my flesh in two
    and quarreling finally over my liver,
they left.
    "Theirs the smoke of sacrifice," they said,
"and ours the smoke of fame,
    amen."
And the echo that was sent out of the past
    all of us heard and knew.
We knew the echo and once again
    we sang in a dry voice:
Ours, ours the bloody iron
    and the treble-wrought betrayal.
Ours the dawn light on bronze
    and teeth clenched until the final hour,
the bait and the invisible net.
    Ours to crawl on all fours,
ours the secret oath in the dark,
    the unfeeling glance,
and a never never Compensation.
    Brothers, they tricked us!
"Theirs the smoke of sacrifice," they said,
    "And ours the smoke of fame,
amen."
    But you, mouth of the innocent, gate of Paradise,
with your word you lit the star's lamp
    in our hand!
We see in the future the might of smoke,
    a plaything of your breath,
its power and its glory!

ΜΕ ΤΟ ΛΥΧΝΟ τοῦ ἄστρου ❈ στοὺς οὐρανοὺς ἐβγῆκα
Στὸ ἀγιάζι τῶν λειμώνων ❈ στὴ μόνη ἀκτὴ τοῦ κόσμου
Ποῦ νὰ βρῶ τὴν ψυχή μου ❈ τὸ τετράφυλλο δάκρυ!

Λυπημένες μυρσίνες ❈ ἀσημωμένες ὕπνο
Μοῦ ράντισαν τὴν ὄψη ❈ Φυσῶ καὶ μόνος πάω
Ποῦ νὰ βρῶ τὴ ψυχή μου ❈ τὸ τετράφυλλο δάκρυ!

Ὁδηγὲ τῶν ἀκτίνων ❈ καὶ τῶν κοιτώνων Μάγε
Ἀγύρτη ποὺ γνωρίζεις ❈ τὸ μέλλον μίλησέ μου
Ποῦ νὰ βρῶ τὴν ψυχή μου ❈ τὸ τετράφυλλο δάκρυ!

Τὰ κορίτσια μου πένθος ❈ γιὰ τοὺς αἰῶνες ἔχουν
Τ᾽ ἀγόρια μου τουφέκια ❈ κρατοῦν καὶ δὲν κατέχουν
Ποῦ νὰ βρῶ τὴν ψυχή μου ❈ τὸ τετράφυλλο δάκρυ!

Ἑκατόγχειρες νύχτες ❈ μὲς στὸ στερέωμα ὅλο
Τὰ σπλάχνα μου ἀναδεύουν ❈ Αὐτὸς ὁ πόνος καίει
Ποῦ νὰ βρῶ τὴν ψυχή μου ❈ τὸ τετράφυλλο δάκρυ!

Μὲ τὸ λύχνο τοῦ ἄστρου ❈ στοὺς οὐρανοὺς γυρίζω
Στὸ ἀγιάζι τῶν λειμώνων ❈ στὴ μόνη ἀκτὴ τοῦ κόσμου
Ποῦ νὰ βρῶ τὴν ψυχή μου ❈ τὸ τετράφυλλο δάκρυ!

e

WITH THE STAR'S LAMP *I went out in the heavens.*
How, in the frost of the meadows, the world's only shore,
Can I find my soul, the four-leaf tear!

Weeping myrtle, silvered with sleep,
Sprinkled my face. I blow and go alone.
How can I find my soul, the four-leaf tear!

Leader of rays and magus of bedrooms,
Vagabond who knows the future, speak to me.
How can I find my soul, the four-leaf tear!

My girls are in mourning for the ages,
My boys carry guns yet do not know
How I can find my soul, the four-leaf tear!

Nights with a hundred hands stir my entrails
Throughout the firmament. This pain burns.
How can I find my soul, the four-leaf tear!

With the star's lamp I roam the heavens.
In the frost of the meadows, the world's only shore,
How can I find my soul, the four-leaf tear!

ΑΝΑΓΝΩΣΜΑ ΤΡΙΤΟ

Η ΜΕΓΑΛΗ ΕΞΟΔΟΣ

Τις ημερες ἐκεῖνες ἔκαναν σύναξη μυστικὴ τὰ παιδιὰ καὶ λάβανε τὴν ἀπόφαση, ἐπειδὴ τὰ κακὰ μαντάτα πλήθαιναν στὴν πρωτεύουσα, νὰ βγοῦν ἔξω σὲ δρόμους καὶ σὲ πλατεῖες μὲ τὸ μόνο πράγμα ποὺ τοὺς εἶχε ἀπομείνει: μιὰ παλάμη τόπο κάτω ἀπὸ τ' ἀνοιχτὸ πουκάμισο, μὲ τὶς μαῦρες τρίχες καὶ τὸ σταυρουδάκι τοῦ ἥλιου. Ὅπου εἶχε κράτος κι ἐξουσία ἡ Ἄνοιξη.

Καὶ ἐπειδὴ σίμωνε ἡ μέρα ποὺ τὸ Γένος εἶχε συνήθιο νὰ γιορτάζει τὸν ἄλλο Σηκωμό, τὴ μέρα πάλι ἐκείνη ὁρίσανε γιὰ τὴν Ἔξοδο. Καὶ νωρὶς ἐβγήκανε καταμπροστὰ στὸν ἥλιο, μὲ πάνου ὡς κάτου ἁπλωμένη τὴν ἀφοβιὰ σὰ σημαία, οἱ νέοι μὲ τὰ πρησμένα πόδια ποὺ τοὺς ἔλεγαν ἀλῆτες. Καὶ ἀκολουθούσανε ἄντρες πολλοί, καὶ γυναῖκες, καὶ λαβωμένοι μὲ τὸν ἐπίδεσμο καὶ τὰ δεκανίκια. Ὅπου ἔβλεπες ἄξαφνα στὴν ὄψη τους τόσες χαρακιές, ποὺ 'λεγες εἴχανε περάσει μέρες πολλὲς μέσα σὲ λίγην ὥρα.

Τέτοιας λογῆς ἀποκοτιές, ὡστόσο, μαθαίνοντες οἱ Ἄλλοι, σφόδρα ταράχθηκαν. Καὶ φορὲς τρεῖς μὲ τὸ μάτι ἀναμετρώντας τὸ ἔχει τους, λάβανε τὴν ἀπόφαση νὰ βγοῦν ἔξω σὲ δρόμους καὶ σὲ πλατεῖες, μὲ τὸ μόνο πράγμα ποὺ τοὺς εἶχε ἀπομείνει: μία πήχη φωτιὰ κάτω ἀπ' τὰ σίδερα, μὲ τὶς μαῦρες κάνες καὶ τὰ δόντια τοῦ ἥλιου. Ὅπου μήτε κλῶνος μήτε ἀνθός, δάκρυο ποτὲ δὲν ἔβγαλαν. Καὶ χτυπούσανε ὅπου νά 'ναι, σφαλώντας τὰ βλέφαρα μὲ ἀπόγνωση. Καὶ ἡ Ἄνοιξη ὁλοένα τοὺς κυρίευε. Σὰ νὰ μὴν ἤτανε ἄλλος δρόμος πάνω σ' ὁλάκερη τὴ γῆ, γιὰ νὰ περάσει ἡ Ἄνοιξη παρὰ μονάχα αὐτός, καὶ νὰ τὸν εἶχαν πάρει ἀμίλητοι, κοιτάζοντας πολὺ μακριά, πέρ' ἀπ' τὴν ἄκρη τῆς ἀπελπισιᾶς, τὴ Γαλήνη ποὺ ἔμελλαν νὰ γίνουν, οἱ νέοι μὲ τὰ πρησμένα πόδια ποὺ τοὺς ἔλεγαν ἀλῆτες, καὶ οἱ ἄντρες, καὶ οἱ γυναῖκες, καὶ οἱ λαβωμένοι μὲ τὸν ἐπίδεσμο καὶ τὰ δεκανίκια.

Καὶ περάσανε μέρες πολλὲς μέσα σὲ λίγην ὥρα. Καὶ θερίσανε πλῆθος τὰ θηρία, καὶ ἄλλους ἐμάζωξαν. Καὶ τὴν ἄλλη μέρα ἐστήσανε στὸν τοῖχο τριάντα.

64

THE GREAT SALLY

IN THOSE DAYS the boys organized a secret meeting and decided, because the news in the capital was getting worse and worse, to move out into the streets and squares with the only thing they had left: a handful of territory under their open shirts, with its black hair and the sun's tiny cross — there where the Spring has power and sway.

And since it was close to the day when the Nation used to celebrate the other Rising, they chose that day again for the Sally. And they came out early in full view of the sun, with fearlessness spread from top to bottom like a flag, the young men with swollen feet, those they called bums. And many men followed, many women, and the wounded with their bandages and crutches. And suddenly you'd see their faces so lined that you'd think many days had gone by in those few hours.

And the Others, hearing about such daring impudence, were greatly disturbed. And after sizing up their own possessions three times over, they decided to move out into the streets and squares with the only thing they had left: a yard of fire under their steel, with the black muzzles and the sun's teeth — there where no sprig or blossom ever shed a tear. And they hit at random, their eyes shut out of desperation. And Spring overran them more and more. As though there were no other road in the whole world for Spring to take except this one, and as though they themselves had taken it silently, gazing far ahead, beyond the edge of despair, at the Serenity they were destined to become — these young men with swollen feet, those they called bums, and the men and the women, and the wounded with their bandages and crutches.

And many days went by in those few hours. And the beasts cut down a multitude and rounded up others. And the following day they lined up thirty against the wall.

ΤΗΣ ΔΙΚΑΙΟΣΥΝΗΣ ἥλιε νοητὲ ❀ καὶ μυρσίνη σὺ δοξαστική
μή παρακαλῶ σας μὴ ❀ λησμονᾶτε τὴ χώρα μου!

Ἀετόμορφα ἔχει τὰ ψηλὰ βουνὰ ❀ στὰ ἡφαίστεια κλήματα σειρὰ
καὶ τὰ σπίτια πιὸ λευκὰ ❀ στοῦ γλαυκοῦ τὸ γειτόνεμα!

Τῆς Ἀσίας ἂν ἀγγίζει ἀπὸ τὴ μιὰ ❀ τῆς Εὐρώπης λίγο ἂν ἀκουμπᾶ
στὸν αἰθέρα στέκει νά ❀ καὶ στὴ θάλασσα μόνη της!

Καὶ δὲν εἶναι μήτε ξένου λογισμὸς ❀ καὶ δικοῦ της μήτε ἀγάπη μιὰ
μόνο πένθος ἂχ παντοῦ ❀ καὶ τὸ φῶς ἀνελέητο!

Τὰ πικρά μου χέρια μὲ τὸν Κεραυνὸ ❀ τὰ γυρίζω πίσω ἀπ' τὸν Καιρὸ
τοὺς παλιοὺς φίλους καλῶ ❀ μὲ φοβέρες καὶ μ' αἵματα!

Μά 'χουν ὅλα τὰ αἵματα ξαντιμεθεῖ ❀ κι οἱ φοβέρες ἂχ λατομηθεῖ
καὶ στὸν ἕναν ὁ ἄλλος μπαί ❀ νουν ἐναντίον οἱ ἄνεμοι!

Τῆς Δικαιοσύνης ἥλιε νοητὲ ❀ καὶ μυρσίνη σὺ δοξαστική
μή παρακαλῶ σας μὴ ❀ λησμονᾶτε τὴ χώρα μου!

f

INTELLIGIBLE *sun of Justice and you, glorifying myrtle,*
do not, I implore you, do not forget my country!

Its high mountains eagle-shaped, its volcanos all vines in rows,
and its houses the whiter for neighboring near the blue!

Though touching Asia on one side and Europe a little on the other,
it stands there alone in the air and alone in the sea!

Neither a foreigner's concept nor a kinsman's one love,
but mourning, oh, everywhere and the relentless light!

My bitter hands circle with the Thunderbolt to the other side of Time,
I summon my old friends with threats and running blood!

But the blood has all been ransomed and, oh, the threats quarried,
and the winds rush in now, the one against the other!

Intelligible sun of Justice and you, glorifying myrtle,
do not, I implore you, do not forget my country!

Αγιος εἶναι
ὁ πάντοτε ἀφανὴς δικός μας Ἰούδας!
Θύρες ἑπτὰ τὸν καλύπτουνε
καὶ στρατιὲς ἑπτὰ παχύνονται στὴ διακονία του.
Μηχανὲς ἀέρος τὸν ἀπάγουνε
καὶ βαρὺν ἀπὸ γούνα καὶ ταρταρούγα,
στὰ Ἠλύσια μέσα καὶ στοὺς Λευκοὺς Οἴκους τὸν ἀποθέτουνε.
Καὶ γλώσσα καμιὰ δὲν ἔχει, ἐπειδὴ ὅλες δικές του—
Καὶ γυναίκα καμιά, ἐπειδὴ ὅλες δικές του —
ὁ Παντοδύναμος!
Θαυμάζουν οἱ ἀφελεῖς
καὶ σιμὰ στὴ λάμψη τοῦ κρυστάλλου χαμογελοῦν οἱ μαυροφορεμένοι,
καὶ σκιρτοῦν τῶν ἄντρων τοῦ Λυκαβητοῦ
οἱ ἡμίγυμνες τίγρισσες!
Ἀλλὰ πόρος κανεὶς γιὰ νὰ περάσει ὁ ἥλιος τὴ φήμη του στὸ μέλλον,
Καὶ ἡμέρα Κρίσεως καμιά, ἐπειδὴ
ἐμεῖς ἀδελφοί, ἐμεῖς ἡ μέρα τῆς Κρίσεως
καὶ δικό μας τὸ χέρι ποὺ θ᾽ ἀποθεωθεῖ —
καταπρόσωπο ρίχνοντας τὰ ἀργύρια!

IX

THIS is he,
our own ever invisible Judas!
Seven portals cover him,
seven armies grow fat in his diocese.
Aerial machines carry him off,
heavy with fur and tortoise shell,
to deposit him inside the Elysées and the White Houses.
And no language is his own, because all are his—
And no woman is his own, because all are his—
the Almighty!
The naive look on him in wonder,
and close to the gleam of crystal the dark-suited men smile,
and the half-naked tigresses
leap up in the lairs of Lycabettus!
And no passage open for the sun to carry his fame into the future,
and no Day of Judgment, because
we, brothers, we are the Day of Judgment
and ours the hand that will be immortalized—
casting the silver pieces in his face!

ΚΑΤΑΠΡΟΣΩΠΟ ΜΟΥ ἐχλεύασαν οἱ νέοι Ἀλεξανδρεῖς:
ἰδέστε, εἶπαν, ὁ ἀφελὴς περιηγητὴς τοῦ αἰῶνος!
Ὁ ἀναίσθητος
ποὺ ὅταν ὅλοι ἐμεῖς θρηνοῦμε αὐτὸς ἀγαλλιᾶ
        καὶ ὅταν ὅλοι πάλι ἀγαλλιοῦμε
αὐτὸς ἀναίτια σκυθρωπάζει.

    Στὶς κραυγές μας μπροστὰ προσπερνᾶ καὶ ἀδιαφορεῖ
καὶ τὰ σὲ μᾶς ἀόρατα,
        μὲ τ᾽ αὐτὶ στὴν πέτρα,
σοβαρὸς καὶ μόνος προσέχει.
Ὁ χωρὶς φίλον κανένα
μήτε ὀπαδό,
        ποὺ ἐμπιστεύεται μόνον τὸ σῶμα του
καὶ τὸ μέγα μυστήριο στ᾽ ἀγκαθόφυλλα μέσα τοῦ ἥλιου ἀναζητεῖ,
        αὐτὸς εἶναι,
ὁ ἀπόβλητος ἀπὸ τὶς ἀγορὲς τοῦ αἰῶνος!
    Ἐπειδὴ νοῦ δὲν ἔχει
κι ἀπὸ ξένα δάκρυα κέρδος δὲ βγάνει
        καὶ στὸ θάμνο ποὺ καίει τὴν ἀγωνία μας
μοναχὰ καταδέχεται νὰ οὐρεῖ.
    Ὁ ἀντίχριστος καὶ ἀνάλγητος δαιμονιστὴς τοῦ αἰῶνος!
Ποὺ ὅταν ὅλοι ἐμεῖς πενθοῦμε,
        αὐτὸς ἡλιοφορεῖ.
Καὶ ὅταν ὅλοι σαρκάζουμε,
        ἰδεοφορεῖ.
Καὶ ὅταν εἰρήνη ἀγγέλλουμε,
        μαχαιροφορεῖ.
Καταπρόσωπό μου οἱ νέοι Ἀλεξανδρεῖς ἐχλεύασαν!

X

THEY MOCKED ME to my face, the young Alexandrians:
"Look," they said, "the naive tourist of the century—
 so insensitive:
when the rest of us mourn, he rejoices,
 and again, when the rest of us rejoice,
he turns glum for no reason.
 Indifferent, he walks past our cries,
and with his ear to the stone,
 alone and earnest,
he notices things invisible to us.
 A man with no friend
or follower,
 who trusts his body only
and looks for the great mystery inside the sun's thorny leaves,
 this is he,
the outcast of the century's marketplaces!
 Because he has no mind
and makes no profit out of the tears of others,
 and on the bush that burns our anguish
he only condescends to piss.
 The antichrist and callous satanist of the century!
When the rest of us mourn,
 he wears the sun.
And when the rest of us taunt,
 he wears ideas.
And when the rest of us announce peace,
 he wears a knife."
So they mocked me to my face, the young Alexandrians!

ΑΥΤΟΣ αὐτὸς ὁ κόσμος ✼ ὁ ἴδιος κόσμος εἶναι
Τῶν ἥλιων καὶ τοῦ κονιορτοῦ ✼ τῆς τύρβης καὶ τοῦ ἀπόδειπνου
Ὁ ὑφάντης τῶν ἀστερισμῶν ✼ ὁ ἀσημωτὴς τῶν βρύων
Στὴ χάση τοῦ θυμητικοῦ ✼ στὸ ἔβγα τῶν ὀνείρων
Αὐτὸς ὁ ἴδιος κόσμος ✼ αὐτὸς ὁ κόσμος εἶναι
Κύμβαλο κύμβαλο ✼ καὶ μάταιο γέλιο μακρινό!

Αὐτός αὐτὸς ὁ κόσμος ✼ ὁ ἴδιος κόσμος εἶναι
Ὁ σκυλεύοντας τὴν ἡδονή ✼ ὁ βιάζοντας τὶς κρῆνες
Ὁ πάνω ἀπ᾽ τοὺς Κατακλυσμούς ✼ ὁ κάτω ἀπ᾽ τοὺς Τυφῶνες
Ὁ γαμψός, ὁ κυφός ✼ ὁ δασύς, ὁ πυρρός
Τὶς νύχτες μὲ τὴ σύριγγα ✼ τὶς μέρες μὲ τὴ φόρμιγγα
Στὰ σκύρα τῶν πολιτειῶν ✼ στοὺς ἀρτεμῶνες τῶν ἀγρῶν
Αὐτὸς ὁ πλατυκέφαλος ✼ αὐτὸς ὁ μακρυκέφαλος
Ὁ ἑκούσιος ✼ ὁ ἀκούσιος
Ὁ υἱὸς Ἀγγειὼθ ✼ καὶ ὁ Σολομῶν.

Αὐτός αὐτὸς ὁ κόσμος ✼ ὁ ἴδιος κόσμος εἶναι
Τῆς ἄμπωτης καὶ τοῦ ὀργασμοῦ ✼ τῶν τύψεων καὶ τῆς νέφωσης
Ὁ εὑρέτης τῶν ζωδιακῶν ✼ ὁ τολμητίας τῶν θόλων
Στὴν ἄκρη τῆς ἐκλειπτικῆς ✼ κι ὅσο ποὺ φτάνει ἡ Χτίσις
Αὐτὸς ὁ ἴδιος κόσμος ✼ αὐτὸς ὁ κόσμος εἶναι
Βούκινο βούκινο ✼ καὶ μάταιο νέφος μακρινό!

72

g

THIS *world this world is one and the same world*
Of suns and dust, of turmoil and quiet evenings,
Weaver of constellations, silver-gilder of moss,
At the waning of memory and the exit of dreams,
This world, this same world is both
A cymbal, a cymbal, and vain distant laughter!

This world this world is one and the same world,
Carrion of sensuality, rapist of fountains,
Soaring above Floods, plunging under Typhoons,
Clawed, hunched, shaggy, red-haired,
By night with the syrinx, by day with the lyre,
On the cobblestones of cities, the jib-sails of meadows,
Flat-headed, long-headed,
Willing, unwilling,
Both Solomon and the son of Haggith.

This world this world is one and the same world
Of ebbing and orgasm, of remorse and clouding,
Inventor of zodiacs, daredevil of domes
At the rim of the ecliptic, at the farthest reach of Creation,
This world, this same world is both
Brass, sounding brass, and a vain distant cloud!

ΤΟ ΟΙΚΟΠΕΔΟ ΜΕ ΤΙΣ ΤΣΟΥΚΝΙΔΕΣ

ΜΙΑΝ ΑΠΟ ΤΙΣ ΑΝΗΛΙΑΓΕΣ μέρες ἐκείνου τοῦ χειμώνα, ἕνα πρωὶ Σαββάτου, σωρὸς αὐτοκίνητα καὶ μοτοσυκλέτες ἐζώσανε τὸ μικρὸ συνοικισμὸ τοῦ Λευτέρη, μὲ τὰ τρύπια τενεκεδένια παράθυρα καὶ τ' αὐλάκια τῶν ὀχετῶν στὸ δρόμο. Καὶ φωνὲς ἄγριες βγάνοντας, ἐκατεβήκανε ἄνθρωποι μὲ χυμένη τὴν ὄψη στὸ μολύβι καὶ τὰ μαλλιὰ ὁλόισα ἴδιο ἄχερο. Προστάζοντας νὰ συναχτοῦν οἱ ἄντρες ὅλοι στὸ οἰκόπεδο μὲ τὶς τσουκνίδες. Καὶ ἦταν ἀρματωμένοι ἀπὸ πάνου ὣς κάτου, μὲ τὶς μποῦκες χαμηλὰ στραμμένες κατὰ τὸ μπουλούκι. Καὶ μεγάλος φόβος ἔπιανε τὰ παιδιά, ἐπειδὴ τύχαινε, σχεδὸν ὅλα, νὰ κατέχουνε κάποιο μυστικὸ στὴν τσέπη ἢ στὴν ψυχή τους. 'Αλλὰ τρόπος ἄλλος δὲν ἤτανε, καὶ χρέος τὴν ἀνάγκη κάνοντας, λάβανε θέση στὴ γραμμή, καὶ οἱ ἄνθρωποι μὲ τὸ μολύβι στὴν ὄψη, τὸ ἄχερο στὰ μαλλιὰ καὶ τὰ κοντὰ μαῦρα ποδήματα, ξετυλίξανε γύρω τους τὸ συρματόπλεγμα. Καὶ κόψανε στὰ δύο τὰ σύγνεφα, ὅσο ποὺ τὸ χιονόνερο ἄρχισε νὰ πέφτει, καὶ τὰ σαγόνια μὲ κόπο κρατούσανε τὰ δόντια στὴ θέση τους, μήπως τοὺς φύγουν ἢ σπάσουνε.

Τότε, ἀπὸ τ' ἄλλο μέρος φάνηκε ἀργὰ βαδίζοντας νά 'ρχεται Αὐτὸς μὲ τὸ Σβησμένο Πρόσωπο, ποὺ σήκωνε τὸ δάχτυλο κι οἱ ὧρες ἀνατρίχιαζαν στὸ μεγάλο ρολόι τῶν ἀγγέλων. Καὶ σὲ ὅποιον λάχαινε νὰ σταθεῖ μπροστά, εὐθὺς οἱ ἄλλοι τὸν ἀρπάζανε ἀπὸ τὰ μαλλιὰ καὶ τὸν ἐσούρνανε χάμου πατώντας τον. Ὥσπου ἔφτασε κάποτε ἡ στιγμὴ νὰ σταθεῖ καὶ μπροστὰ στὸ Λευτέρη. 'Αλλὰ κεῖνος δὲ σάλεψε. Σήκωσε μόνο ἀργὰ τὰ μάτια του καὶ τὰ πῆγε μεμιᾶς τόσο μακριὰ — μακριὰ μέσα στὸ μέλλον του — ποὺ ὁ ἄλλος ἔνιωσε τὸ σκούντημα κι ἔγειρε πίσω μὲ κίντυνο νὰ πέσει. Καὶ σκυλιάζοντας, ἔκανε ν' ἀνασηκώσει τὸ μαῦρο του πανί, νὰν τοῦ φτύσει κατάμουτρα. Μὰ πάλι ὁ Λευτέρης δὲ σάλεψε.

Πάνω σὲ κείνη τὴ στιγμή, ὁ Μεγάλος Ξένος, αὐτὸς ποὺ ἀκολουθοῦσε μὲ τὰ τρία σειρήτια στὸ γιακά, στηρίζοντας στὴ μέση τὰ χέρια του, κάγχασε: ὁρίστε, εἶπε, ὁρίστε οἱ ἄνθρωποι ποὺ θέλουνε, λέει, ν' ἀλλάξουνε τὴν πορεία τοῦ κόσμου! Καὶ μὴ γνωρίζοντας ὅτι ἔλεγε τὴν ἀλήθεια ὁ δυστυχής, καταπρόσωπο τρεῖς φορὲς τοῦ κατάφερε τὸ μαστίγιο. 'Αλλὰ τρίτη φορὰ ὁ Λευτέρης δὲ σάλεψε. Τότε, τυφλὸς ἀπὸ τὴ λίγη πέραση ποὺ 'χε ἡ δύναμη στὰ χέρια του, ὁ ἄλλος,

THE VACANT LOT WITH THE NETTLES

ONE OF THE SUNLESS days of that winter, on a Saturday morning, lots of cars and motorcycles surrounded Lefteris's neighborhood, with its tin shutters full of holes and its sewer ditches along the street. And shouting wildly, from those cars and motorcycles came men with faces cast in lead and straight hair like straw. They ordered all the men to gather in the vacant lot full of nettles. And they were armed from head to toe, their muzzles leveled at the crowd. And the boys were really scared, because as it happened, almost all of them had some secret hidden in their pocket or their soul. But there was no way out. So making duty out of necessity, they lined up, and the men with leaden faces, straw hair, and black boots fenced them in with barbed wire. And they cut the clouds in two and sleet came down so hard that jaws could hardly keep their teeth in place.

Then, from the far side, walking slowly, the Man with the Hood appeared, his finger ready to point, and the hours shuddered on the great clock of angels. And whoever he chose to stand in front of was hauled out by the hair and thrown to the ground to be trampled. Until the moment came when he stood in front of Lefteris. But Lefteris didn't budge. He only raised his eyes slowly and gazed so far away — far into his own future — that the other felt the jolt and tilted back, almost falling. And rabid, he nearly raised his black hood to spit in his face. But again Lefteris didn't budge.

At that moment, the Great Foreigner with three stripes on his collar, following along behind, put his hands on his hips and snarled: "Look," he said. "Look at the men who say they want to change the course of the world!" And the miserable man, not knowing what truth he'd spoken, lashed his whip three times across Lefteris's face. And for the third time Lefteris didn't budge. Then, blinded by the worthless power in his hands, the Foreigner,

μὴ γνωρίζοντας τί πράττει, τράβηξε τὸ περίστροφο καὶ τοῦ τὸ βρόντηξε σύρριζα στὸ δεξί του αὐτί.

Καὶ πολὺ τρομάξανε τὰ παιδιά, καὶ οἱ ἄνθρωποι μὲ τὸ μολύβι στὴν ὄψη καὶ τὸ ἄχερο στὰ μαλλιὰ καὶ τὰ κοντὰ μαῦρα ποδήματα, κέρωσαν. Ἐπειδὴ πήγανε κι ἤρθανε γύρω τὰ χαμόσπιτα, καὶ σὲ πολλὲς μεριὲς τὸ πισσόχαρτο ἔπεσε καὶ φανήκανε μακριά, πίσω ἀπ' τὸν ἥλιο, οἱ γυναῖκες νὰ κλαῖνε γονατιστές, πάνω σ' ἕνα ἔρμο οἰκόπεδο, γεμάτο τσουκνίδες καὶ μαῦρα πηχτὰ αἵματα. Ἐνῶ σήμαινε δώδεκα ἀκριβῶς τὸ μεγάλο ρολόι τῶν ἀγγέλων.

not knowing what he was doing, drew his revolver and blasted it at the root of Lefteris's right ear.

And the boys were very frightened; and the men with leaden faces, straw hair, and black boots turned waxen. Because the shacks all around shook as in an earthquake, and in many places the tarpaper fell off the walls, and far off, behind the sun, women appeared weeping, kneeling down in a vacant lot full of nettles and black clotted blood. While the great clock of angels chimed exactly twelve.

ΓΥΡΙΣΑ τὰ μάτια ❀ *δάκρυα γιομάτα*
κατὰ τὸ παραθύρι
Καὶ κοιτώντας ἔξω ❀ *καταχιονισμένα*
τὰ δέντρα τῶν κοιλάδων
Ἀδελφοί μου, εἶπα ❀ *ὡς κι αὐτὰ μιὰ μέρα*
κι αὐτὰ θὰ τ' ἀτιμάσουν
Προσωπιδοφόροι ❀ *μὲς στὸν ἄλλον αἰώνα*
τὶς θηλιὲς ἑτοιμάζουν

Δάγκωσα τὴ μέρα ❀ *καὶ δὲν ἔσταξε οὔτε*
σταγόνα πράσινο αἷμα
Φώναξα στὶς πύλες ❀ *κι ἡ φωνή μου πῆρε*
τὴ θλίψη τῶν φονιάδων
Μὲς στῆς γῆς τὸ κέντρο ❀ *φάνηκε ὁ πυρήνας*
ποὺ ὅλο σκοτεινιάζει
Κι ἡ ἀχτίδα τοῦ ἥλιου ❀ *γίνηκεν, ἰδέστε*
ὁ μίτος τοῦ Θανάτου!

Ὦ πικρὲς γυναῖκες ❀ *μὲ τὸ μαῦρο ροῦχο*
παρθένες καὶ μητέρες
Ποὺ σιμὰ στὴ βρύση ❀ *δίνατε νὰ πιοῦνε*
στ' ἀηδόνια τῶν ἀγγέλων
Ἔλαχε νὰ δώσει ❀ *καὶ σὲ σᾶς ὁ Χάρος*
τὴ φούχτα του γεμάτη
Μὲς ἀπ' τὰ πηγάδια ❀ *τὶς κραυγὲς τραβᾶτε*
ἀδικοσκοτωμένων

Τόσο δὲν ἀγγίζουν ❀ *ἡ φωτιὰ μὲ τὸ ἄχτι*
ποὺ πένεται ὁ λαός μου
Τοῦ Θεοῦ τὸ στάρι ❀ *στὰ ψηλὰ καμιόνια*
τὸ φόρτωσαν καὶ πάει
Μὲς στὴν ἔρμη κι ἄδεια ❀ *πολιτεία μένει*
τὸ χέρι ποὺ μονάχα
Μὲ μπογιὰ θὰ γράψει ❀ *στοὺς μεγάλους τοίχους*
ΨΩΜΙ ΚΙ ΕΛΕΥΘΕΡΙΑ

h

I TURNED *my eyes full of tears*
toward the window.
And gazing out at the snow-whitened
trees of the valley,
I said: "Brothers, even these
they'll defile one day.
The hooded men, in the century ahead,
are getting their nooses ready."

I bit into the day: not a single drop
of green blood dripped.
I shouted at the gates: my voice took on
the grief of murderers.
In the earth's center appeared the nucleus
growing darker and darker
And the sun's ray, look, became
the guiding thread of Death!

Oh bitter women dressed in black,
virgins and mothers,
You who gave water at the fountain
to the angels' nightingales,
Even you were given, by Charon himself,
your handful of fate.
Out of the wells you now draw cries
of those unjustly killed.

Fire and rancor so fail to mingle
that my people must starve.
God's wheat was loaded and hauled away
on their giant trucks.
In the desolate and empty city
only the hand remains
To paint across the great walls
BREAD AND FREEDOM.

Φύσηξεν ή νύχτα ❀ σβήσανε τά σπίτια
κι είναι ἀργά στήν ψυχή μου
Δὲν ἀκούει κανένας ❀ ὅπου κι ἀν χτυπήσω
ή μνήμη μὲ σκοτώνει
Ἀδελφοί μου, λέει ❀ μαῦρες ὦρες φτάνουν
ὁ καιρὸς θὰ δείξει
Τῶν ἀνθρώπων ἔχουν ❀ οἱ χαρὲς μιάνει
τὰ σπλάχνα τῶν τεράτων

Γύρισα τὰ μάτια ❀ δάκρυα γιομάτα
κατὰ τὸ παραθύρι
Φώναξα στὶς πύλες ❀ κι ἡ φωνή μου πῆρε
τὴ θλίψη τῶν φονιάδων
Μὲς στῆς γῆς τὸ κέντρο ❀ φάνηκε ὁ πυρήνας
πού ὅλο σκοτεινιάζει
Κι ἡ ἀχτίδα τοῦ ἥλιου ❀ γίνηκεν, ἰδέστε
ὁ μίτος τοῦ Θανάτου !

Night blew, the houses went out,
and it's late inside my soul.
No one hears me wherever I knock,
memory kills me.
It says: "Brothers, black hours are near,
time will tell.
The joys of men have soiled
the guts of monsters."

I turned my eyes full of tears
toward the window,
I shouted at the gates: my voice took on
the grief of murderers.
In the earth's center appeared the nucleus
growing darker and darker
And the sun's ray, look, became
the guiding thread of Death!

ΙΑ΄

Οποτ, φωνάζω, καὶ νὰ βρίσκεστε, ἀδελφοί,
ὅπου καὶ νὰ πατεῖ τὸ πόδι σας,
    ἀνοίξετε μιὰ βρύση,
τῆ δική σας βρύση τοῦ Μαυρογένη.
Καλὸ τὸ νερὸ
καὶ πέτρινο τὸ χέρι τοῦ μεσημεριοῦ
    ποὺ κρατεῖ τὸν ἥλιο στὴν ἀνοιχτὴ παλάμη του.
Δροσερὸς ὁ κρουνὸς θ᾽ ἀγαλλιάσω.
᾽Η λαλιὰ ποὺ δὲν ξέρει ἀπὸ ψέμα
μεγαλόφωνα τὸ νοῦ μου ν᾽ ἀπαγγείλει,
    εὐανάγνωστα νὰ γίνουν τὰ σωθικά μου.
Δὲν μπορῶ,
    ἡ ἀγχόνη τὰ δέντρα μου ἐξουθένωσε
καὶ τὰ μάτια μαυρίζουν.
Δὲν ἀντέχω
καὶ τὰ σταυροδρόμια ποὺ ἤξερα ἔγιναν ἀδιέξοδα.
Σελδζοῦκοι ροπαλοφόροι καραδοκοῦν.
Χαγάνοι ὀρνεοκέφαλοι βυσσοδομοῦν.
Σκυλοκοῖτες καὶ νεκρόσιτοι κι ἐρεβομανεῖς
κοπροκρατοῦν τὸ μέλλον.
    ῍Οπου καὶ νὰ σᾶς βρίσκει τὸ κακό, ἀδελφοί,
ὅπου καὶ νὰ θολώνει ὁ νοῦς σας,
    μνημονεύετε Διονύσιο Σολωμὸ
καὶ μνημονεύετε ᾽Αλέξανδρο Παπαδιαμάντη.
    ῾Η λαλιὰ ποὺ δὲν ξέρει ἀπὸ ψέμα
θ᾽ ἀναπαύσει τὸ πρόσωπο τοῦ μαρτυρίου
    μὲ τὸ λίγο βάμμα τοῦ γλαυκοῦ στὰ χείλη.
Καλὸ τὸ νερὸ
    καὶ πέτρινο τὸ χέρι τοῦ μεσημεριοῦ
ποὺ κρατεῖ τὸν ἥλιο στὴν ἀνοιχτὴ παλάμη του.
    ῍Οπου καὶ νὰ πατεῖ τὸ πόδι σας, φωνάζω,
ἀνοίξετε, ἀδελφοί,
    μιὰ βρύση ἀνοίξετε,
τῆ δική σας βρύση τοῦ Μαυρογένη!

XI

BROTHERS, I shout, wherever you are,
wherever your foot may tread,
    build a fountain,
your own Mavroyeni fountain.
    The water good,
and the hand of noon all stone,
    holding the sun in its open palm.
The flow is cool, I will rejoice.
    Let speech that knows no lie
recite my mind out loud,
    let my guts become clearly legible.
I can't go on,
    the gallows have annihilated my trees
and my eyes turn black.
    I can't endure,
even the crossroads I knew have turned into dead ends.
    Mace-wielding Seljuks lie in wait.
Vulture-headed Chagans plot in the dark.
    Dog-fuckers and corpse-eaters and gloom-addicts
rule the future with excrement.
    Brothers, wherever evil finds you,
wherever your minds grow muddled,
    invoke Dionysios Solomos,
invoke Alexandros Papadiamandis.
    Speech that knows no lie
will put to rest the face of martyrdom
    with some tint of azure on the lips.
The water good,
    and the hand of noon all stone,
holding the sun in its open palm.
    Wherever your foot may tread, I shout,
build, brothers,
    build a fountain,
your own Mavroyeni fountain!

ΙΒ'

ΚΑΙ ΣΤΑ ΒΑΘΙΑ μεσάνυχτα, στοὺς ὀρυζῶνες τοῦ ὕπνου
ἄπνοια ποὺ μὲ τυραννᾶ καὶ κακὸ κουνούπι τῆς Σελήνης!
Τὰ σεντόνια παλεύω καὶ τὰ μάτια πηχτά
στὸ σκοτάδι μάταια δοκιμάζω:
  Ἄνεμοι γέροντες γενειοφόροι
τῶν παλαιῶν μου θαλασσῶν φρουροὶ καὶ κλειδοκράτορες
  ἐσεῖς ποὺ κατέχετε τὸ μυστικό
σύρετέ μου στὰ μάτια ἕνα δελφίνι
  Στὰ μάτια ἕνα δελφίνι σύρετέ μου
νά 'ναι ταχύ, κι ἑλληνικό, καὶ νά 'ναι ἡ ὥρα ἔντεκα!

Νὰ περνᾶ καὶ νὰ σβήνει τὴν πλάκα τοῦ βωμοῦ
καὶ ν' ἀλλάζει τὸ νόημα τοῦ μαρτυρίου
  Οἱ ἀφροί του λευκοὶ ν' ἀναπηδοῦν ἐπάνω
τὸν Ἱέρακα καὶ τὸν Ἱερέα νὰ πνίξουν!

Νὰ περνᾶ καὶ νὰ λύνει τὸ σχῆμα τοῦ Σταυροῦ
καὶ στὰ δέντρα τὸ ξύλο νὰ ἐπιστρέφει
  Ὁ βαθὺς τριγμὸς νὰ μοῦ θυμίζει ἀκόμη
ὅτι αὐτὸς ποὺ εἶμαι, ὑπάρχω!

Ἡ οὐρά του ἡ πλατιὰ νὰ μοῦ αὐλακώνει
ἀπὸ δρόμο ἀνεχάραγο τὴ μνήμη
  Καὶ στὸν ἥλιο πάλι νὰ μὲ ἀφήνει
σὰν ἀρχαῖο χαλίκι τῶν Κυκλάδων!

Τὰ σεντόνια παλεύω καὶ τὰ χέρια τυφλὰ
στὸ σκοτάδι μάταια δοκιμάζω:
  Ἄνεμοι γέροντες γενειοφόροι
τῶν παλαιῶν μου θαλασσῶν φρουροὶ καὶ κλειδοκράτορες
  ἐσεῖς ποὺ κατέχετε τὸ μυστικό
στὴν καρδιὰ τὴν Τρίαινα χτυπήσετέ μου
  καὶ σταυρώσετέ μου την μὲ τὸ δελφίνι
Τὸ σημεῖο ποὺ εἶμαι ἀλήθεια ὁ ἴδιος
  μὲ τὴν πρώτη νεότητα ν' ἀνεβῶ
στὸ γλαυκὸ τ' οὐρανοῦ — κι ἐκεῖ νὰ ἐξουσιάσω!

84

XII

AND in the heart of midnight, in the rice fields of sleep,
lack of wind tortures me, and the Moon's evil mosquito!
        I wrestle with the sheets, and with my eyes thick,
I vainly try out the darkness:
        Winds—bearded old men—
guardians and key-bearers of my ancient seas,
        you who hold the secret,
draw a dolphin before my eyes,
        before my eyes draw a dolphin,
make it swift, and Greek, and make the hour eleven!
        Let it cross and rub out the altar's tablet
and change the meaning of martyrdom.
        Let its white surf surge
to drown the Bird of Prey and the Priest!
        Let it cross and loosen the shape of the Cross
and give its wood back to the tree.
        Let the deep creaking remind me still
that he who I am exists!
        Let its broad tail furrow my memory
out of an unplotted path
        and leave me in the sun once again
like an ancient pebble of the Cyclades!
        I wrestle with the sheets, and with my hands blind,
I vainly try out the darkness:
        Winds—bearded old men—
guardians and key-bearers of my ancient seas,
        you who hold the secret,
strike the Trident into my heart
        and cross it with the dolphin,
the sign which I myself truly am,
        that I may ascend with my first youth
to the azure of the sky—and there have dominion!

ΑΝΟΜΙΕΣ ἐμίαναν τὰ χέρια μου, πῶς νὰ τ' ἀνοίξω;
Κουστωδίες γεμίσανε τὰ μάτια μου, ποῦ νὰ κοιτάξω;
Γιοὶ τῶν ἀνθρώπων, τί νὰ πῶ;
Τὰ φριχτὰ σηκώνει ἡ γῆς κι ἡ ψυχὴ τὰ φριχτότερα!
Εὖγε πρώτη νεότης μου καὶ ἀδάμαστο χείλι
ποὺ τὸ βότσαλο δίδαξες τῆς τρικυμίας
καὶ στὶς μπόρες μέσα, τῆς βροντῆς ἀντιμίλησες
Εὖγε πρώτη νεότης μου!
Τόσο χῶμα στὶς ρίζες μου ἔριξες, ποὺ κι ἡ σκέψη μου χλόισε!
Τόσο φῶς μὲς στὸ αἶμα, ποὺ κι ἡ ἀγάπη μου πῆρε
τὸ κράτος καὶ τὸ νόημα τ' οὐρανοῦ.
Καθαρὸς εἶμαι ἀπ' ἄκρη σ' ἄκρη
καὶ στὰ χέρια τοῦ Θανάτου ἄχρηστο σκεῦος
καὶ στὰ νύχια τῶν ἀγροίκων, λεία κακή.
Γιοὶ τῶν ἀνθρώπων, νὰ φοβοῦμαι τί;
Πάρετέ μου τὰ σπλάχνα, τραγούδησα!
Πάρετέ μου τὴ θάλασσα μὲ τοὺς ἄσπρους βοριάδες,
τὸ πλατὺ τὸ παράθυρο γεμάτο λεμονιές,
τὰ πολλὰ κελαηδίσματα, καὶ τὸ κορίτσι τὸ ἕνα
ποὺ καὶ μόνον ἂν ἄγγιξα ἡ χαρά του μοῦ ἄρκεσε
πάρετέ μου, τραγούδησα!
Πάρετέ μου τὰ ὄνειρα, πῶς νὰ διαβάσετε;
Πάρετέ μου τὴ σκέψη, ποῦ νὰ τὴν πεῖτε;
Καθαρὸς εἶμαι ἀπ' ἄκρη σ' ἄκρη.
Μὲ τὸ στόμα φιλώντας ἐχάρηκα τὸ παρθένο κορμί.
Μὲ τὸ στόμα φυσώντας χρωμάτισα τὴ δορὰ τοῦ πελάγους.
Τὶς ἰδέες μου ὅλες ἐνησιώτισα.
Στὴ συνείδησή μου ἔσταξα λεμόνι.

XIII

Iniquities have stained my hands, how can I open them?
Armed guards have filled my eyes, where can I look?
        Sons of men, what can I say?
Earth bears the horrible and the soul the twice horrible!
        Good for you, my first youth and untamed lip,
you who taught the storm's pebble
        and in the midst of squalls talked back to the thunder,
Good for you, my first youth!
        You threw so much earth on my roots that even my thought turned green!
So much light in my blood that even my love
        took on the sky's power and meaning.
I'm clean from end to end
        and in the hands of Death a useless vessel,
bad prey in the claws of the brutal.
        Sons of men, what am I to fear?
Take away my entrails, I have sung!
        Take away my sea with its white north winds,
the wide window full of lemon trees,
        the many bird songs, and the one girl
whose joy when I merely touched her was enough for me,
        take them away, I have sung!
Take away my dreams, how can you read them?
        Take away my thoughts, where will you utter them?
I am clean from end to end.
        Kissing, I enjoyed the virgin body.
Blowing, I colored the fleece of the sea.
        All my ideas I turned into islands.
I squeezed lemon on my conscience.

ΝΑΟΙ στὸ σχῆμα τ᾽ οὐρανοῦ
καὶ κορίτσια ὡραῖα
  μὲ τὸ σταφύλι στὰ δόντια ποὺ μᾶς πρέπατε!
Πουλιὰ τὸ βάρος τῆς καρδιᾶς μας ψηλὰ μηδενίζοντας
  καὶ πολὺ γαλάζιο ποὺ ἀγαπήσαμε!
Φύγανε φύγανε
  ὁ Ἰούλιος μὲ τὸ φωτεινὸ πουκάμισο
καὶ ὁ Αὔγουστος ὁ πέτρινος μὲ τὰ μικρά του ἀνώμαλα σκαλιά.
  Φύγανε
καὶ στὰ μάτια μέσα τῶν βυθῶν ἀνερμήνευτος ἔμεινε ὁ ἀστερίας
  καὶ στὰ βάθη μέσα τῶν ματιῶν ἀνεπίδοτο ἔμεινε τὸ ἡλιοβασίλεμα!
Καὶ τῶν ἀνθρώπων ἡ φρόνηση ἔκλεισε τὰ σύνορα.

  Τείχισε τὶς πλευρὲς τοῦ κόσμου
καὶ ἀπὸ τὸ μέρος τ᾽ οὐρανοῦ σήκωσε τὶς ἐννέα ἐπάλξεις
  καὶ στὴν πλάκα ἐπάνω τοῦ βωμοῦ σφαγίασε τὸ σῶμα
τοὺς φρουροὺς πολλοὺς ἔστησε στὶς ἐξόδους.
  Καὶ τῶν ἀνθρώπων ἡ φρόνηση ἔκλεισε τὰ σύνορα.
Ναοὶ στὸ σχῆμα τ᾽ οὐρανοῦ
  καὶ κορίτσια ὡραῖα
μὲ τὸ σταφύλι στὰ δόντια ποὺ μᾶς πρέπατε!
  Πουλιὰ τὸ βάρος τῆς καρδιᾶς μας ψηλὰ μηδενίζοντας
καὶ πολὺ γαλάζιο ποὺ ἀγαπήσαμε!
  Φύγανε φύγανε
ὁ Μαΐστρος μὲ τὸ μυτερό του σάνταλο
  καὶ ὁ Γραῖγος ὁ ἀσυλλόγιστος μὲ τὰ λοξά του κόκκινα πανιά.
Φύγανε
  καὶ βαθιὰ κάτω ἀπ᾽ τὸ χῶμα συννέφιασε ἀνεβάζοντας
χαλίκι μαῦρο
  καὶ βροντές, ἡ ὀργὴ τῶν νεκρῶν
καὶ ἀργὰ στὸν ἄνεμο τρίζοντας
  ἐγυρίσανε πάλι μὲ τὸ στῆθος μπροστά
φοβερά, τῶν βράχων τ᾽ ἀγάλματα!

XIV

TEMPLES in the shape of the sky
and beautiful girls
    with grapes between the teeth — you were right for us!
Birds nullifying on high the weight of our hearts
    and so much blue we have loved!
Gone, gone,
    July with its lucent shirt
and stony August with its small, uneven stairs.
    Gone.
And in the eyes of the depths the starfish remained untranslated,
    and in the depths of the eyes the sunset remained undelivered!
And the prudence of men closed the borders;
    walled up the sides of the world,
raised the nine bastions skywards,
    slaughtered the body on the altar's slab,
and posted many guards at the exits.
    So the prudence of men closed the borders.
Temples in the shape of the sky
    and beautiful girls
with grapes between the teeth — you were right for us!
    Birds nullifying on high the weight of our hearts
and so much blue we have loved!
    Gone, gone,
Maistros with his pointed sandal
    and thoughtless Graigos with his slanting red sails.
Gone,
    and deep under the soil clouds gathered,
raising black gravel
    and thunderclaps, the wrath of the dead;
and slowly, creaking in the wind,
    their chests thrust out, terrifying,
the statues of the rocks returned again!

ΤΙΣ ΝΕΦΕΛΕΣ ἀφήνοντας   ❋   Ταξιδεύουν τῶν βράχων
πίσω τους   τ᾽ ἀγάλματα
Μὲ τὸ στῆθος μπροστὰ σὰ   ❋   Στοὺς ἀνέμους μέσα τὰ
ν᾽ ἀμπώχνουνε   μέλλοντα
Μὴν οἱ γύπες τὰ πάρουν κι αὐτὰ   ❋   μυρωδιὰ καὶ χιμήξουν!

Ἡ καμπάνα σημαίνοντας   ❋   Τῶν χωριῶν τὰ κοπάδια
θάνατο   κατέβηκαν
Στὶς πλαγιὲς ποὺ ἀγναντεύουν   ❋   Καὶ φωνὴ τοὺς ἀνέμους
τὸ πέλαγο   ἐτάραξεν
Ἄχ ἡ πείνα μᾶς ἔχει, παιδιὰ   ❋   τὴν ψυχὴ σκοτεινιάσει!

Στῶν ἐθνῶν τὰ κρυμμένα   ❋   Μὲ τὸ στάρι ἑτοιμάζουνε
ἐργοστάσια   μέταλλα
Τὸ θεριὸ ποὺ δὲ θέλουνε   ❋   Καὶ τὸ στόμα του νὰ
θρέφουνε   γιγαντώνεται
Ὥσπου πιὰ νὰ μὴ μείνει κανεὶς   ❋   καὶ τὰ κόκαλα τρίξουν!

Ἀλλὰ πρὶν στὴν κοιλάδα ποὺ   ❋   Λὲς καὶ στένων ὁ Ἅδης
σείστηκε   ἐβόησε
Τῶν σπιτιῶν οἱ σκεπὲς   ❋   Καὶ τὸ θαῦμα τ᾽ ἀνέλπιστο
ξεκαρφώθηκαν   φάνηκαν
Οἱ γυναῖκες ν᾽ ἀκοῦν σιωπηλὰ   ❋   στῶν βρεφῶν τους τὸ κλάμα!

Ἡ ζωὴ ποὺ τὸ θάνατο   ❋   Σὰν τὸν ἥλιο γυμνὴ
γεύτηκε   ξαναγύρισε
Καὶ μὴν ἔχοντας ἂχ ἄλλο   ❋   Ἡ ζωὴ ποὺ τὰ πάντα
τίποτε   σπατάλησε
Στὰ χαλάσματα κάρφωσε μιὰ   ❋   παπαρούνα ποὺ λάμπει!

Ἄν ποτὲ τὸ γεράκι   ❋   Τὴ φωνὴ τοῦ προβάτου
ξανάδινε   ποὺ σπάραξε
Μὲ τ᾽ αὐτὶ στὸ χορτάρι   ❋   Τῶν νεκρῶν τὴν ὀργὴ
θ᾽ ἀκούγαμε   πῶς γυμνάζεται
Τὸ σκοτάδι ν᾽ ἀρπάξει μεμιᾶς   ❋   κι ἀπ᾽ τὴν ἄλλη νὰ δείξει!

LEAVING *the clouds behind them,*
The statues of the rocks go voyaging,
Chest forward, as though to thrust
Into the wind things to come
So the vultures won't smell out these too and swoop down!

With the church bell chiming death
The village flocks came down
To the slopes overlooking the sea
And a voice agitated the winds:
"Boys, hunger has darkened our soul!"

The secret factories of nations
Forge metal out of wheat,
Feeding the monster they do not want,
And its mouth grows gigantic
Until nobody is left — only creaking bones!

But first, in the valley that quaked,
As if moaning Hades had howled,
The roofs of the houses came unnailed
To reveal — unhoped-for miracle —
Women listening silently to the wailing of their infants!

Life that has tasted death
Returned naked like the sun,
And with nothing else left,
Life that squandered everything
Nailed upon the ruins, oh, a single radiant poppy!

If the vulture ever gave back
The voice of the lamb it has gored,
With our ear to the grass we might hear
The wrath of the dead training
To snatch the darkness with one hand and reveal itself with the other!

ΑΝΑΓΝΩΣΜΑ ΠΕΜΠΤΟ

Η ΑΥΛΗ ΤΩΝ ΠΡΟΒΑΤΩΝ

ΕΙΠΕΝ ὁ λαός μου: τὸ δίκαιο ποὺ μοῦ δίδαξαν ἔπραξα καὶ ἰδοὺ αἰῶνες ἀπόκαμα ν' ἀπαντέχω γυμνὸς ἔξω ἀπὸ τὴν κλειστὴ θύρα τῆς αὐλῆς τῶν προβάτων. Γνώριζε τὴ φωνή μου τὸ ποίμνιο καὶ στὴν κάθε σφυριγματιά μου ἀναπηδοῦσε καὶ βέλαζε. Ἄλλοι ὅμως, καὶ πολλὲς φορὲς οἱ ἴδιοι αὐτοὶ ποὺ παινεύανε τὴν καρτερία μου, ἀπὸ δέντρα καὶ μάντρες πηδώντας, ἐπατούσανε πρῶτοι τὸ πόδι αὐτοὶ μὲς στὴ μέση τῆς αὐλῆς τῶν προβάτων. Καὶ ἰδοὺ πάντα γυμνὸς ἐγὼ καὶ χωρὶς ποίμνιο κανένα, στέναξεν ὁ λαός μου. Καὶ στὰ δόντια του γυάλισεν ἡ ἀρχαία πείνα, καὶ ἡ ψυχή του ἔτριξε πάνω στὴν πίκρα της καθὼς ποὺ τρίζει ἐπάνω στὸ χαλίκι τὸ ἄρβυλο τοῦ ἀπελπισμένου.

Τότες αὐτοὶ ποὺ κατέχουνε τὰ πολλά, ν' ἀκούσουνε τέτοιο τρίξιμο, τρόμαξαν. Ἐπειδὴ τὸ κάθε σημάδι καταλεπτῶς γνωρίζουνε καὶ συχνά, μίλια μακριὰ διαβάζουνε στὸ συμφέρον τους. Παρευθὺς λοιπὸν τὰ πέδιλα τ' ἀπατηλὰ ποδέθηκαν. Καὶ μισοὶ πιάνοντας τοὺς ἄλλους μισούς, ἀπὸ τό 'να καὶ τ' ἄλλο μέρος τραβούσανε, τέτοια λόγια λέγοντας: ἄξια καὶ καλὰ τὰ ἔργα σας, καὶ ὁρίστε αὐτὴ ποὺ βλέπετε ἡ θύρα ἡ κλειστὴ τῆς αὐλῆς τῶν προβάτων. Ἀσηκῶστε τὸ χέρι καὶ μαζὶ σας ἐμεῖς, καὶ φροντίδα δική μας ἡ φωτιὰ καὶ τὸ σίδερο. Σπιτικὰ μὴ φοβᾶστε, φαμελιὲς μὴ λυπᾶστε, καὶ ποτὲ σὲ γιοῦ ἢ πατέρα ἢ μικροῦ ἀδερφοῦ τὴ φωνή, πίσω μὴν κάνετε. Εἰδὲ τύχει κανεὶς ἀπὸ σᾶς κι ἢ φοβηθεῖ κι ἢ λυπηθεῖ κι ἢ κάνει πίσω, νὰ ξέρει: ἐπάνω του τὸ κρίμα καὶ κατὰ τῆς δικῆς του κεφαλῆς ἡ φωτιὰ ποὺ φέραμε καὶ τὸ σίδερο.

Καὶ τὸ λόγο τους πρὶν ἀποσώσουν εἶχε πάρει ν' ἀλλάζει ὁ καιρός, μακριὰ στὸ μαυράδι τῶν νεφῶν καὶ σιμὰ στὸ κοπάδι τῶν ἀνθρώπων. Σὰ νὰ πέρασε ἀγέρας χαμηλὰ βογγώντας καὶ ν' ἀπόριξε ἄδεια τὰ κορμιά, δίχως μιὰ στάλα θύμηση. Τὸ κεφάλι μπλάβο καὶ ἄλαλο ἀψηλὰ στραμμένο, μὰ τὸ χέρι βαθιὰ μέσα στὴν τσέπη, γραπωμένο ἀπὸ κομμάτι σίδερο, τῆς φωτιᾶς ἢ ἀπ' τ' ἄλλα, πό 'χουν τὴ μύτη σουγλερὴ καὶ τὴν κόψη ἀθέρα. Καὶ βαδίζανε καταπάνου στὸν ἕναν ὁ ἄλλος, μὴ γνωρίζοντας ὁ ἕνας τὸν ἄλλο. Καὶ σημάδευε κατὰ πατέρα ὁ γιὸς καὶ κατ' ἀδερφοῦ μικροῦ ὁ μεγάλος. Ποὺ πολλὰ σπιτικὰ πομείνανε στὴ μέση, καὶ πολλὲς γυναῖκες ἀπανωτὰ δυὸ καὶ τρεῖς

THE COURTYARD OF LAMBS

MY PEOPLE said: "The justice I was taught I practiced, and look, for centuries I've grown tired waiting naked outside the closed gateway to the courtyard of lambs. The flock knew my voice, and it leapt up and bleated at my every whistle. But others, often the very ones who praised my endurance, jumping down from trees or walls, were the first to set foot in the middle of the courtyard of lambs. And there I was, always naked, with no flock"—so moaned my people. And on their teeth ancient hunger gleamed, and their soul creaked in its bitterness as the boot of the desperate man creaks on gravel.

Then those who own a great deal, when they heard this creaking, were frightened. Because they know how to read every sign in detail, and often, from miles away, they can make out what profits them. So right away they put on the sandals of treachery. And half of them on one side and half on the other, they pulled the rest to and fro, saying: "Your deeds are good and fine, and here you see the closed gateway to the courtyard of lambs. Raise your hand and we are with you, and we'll take care of the fire and the iron. Don't worry about homes, don't feel sorry for families, don't ever let the voice of son or father or younger brother stop you. Should any one of you worry or feel sorry or stop, let him know this: his will be the sin, and on his head will fall the fire and iron we brought."

And before they had finished speaking, the weather had begun to change far away in the blackness of the clouds and nearby in the human flock. And it seemed the wind had come by low, moaning, and had thrown the bodies aside empty, without a drop of memory. Their faces blue and mute, turned upwards, but their hands deep in the pocket, clutching a piece of iron—a fire rod or one of those with a sharp tip and a honed edge. And they marched, one against the other, the one not knowing the other. And the son took aim against the father, and the older brother against the younger. So that many homes were left undone, and many women had to wear black two and three times in a row. And when you tried to go out a little farther, nothing. Only

93

φορὲς μαυροφορέσανε. Καὶ ποὺ ἂν ἔκανες νὰ βγεῖς λιγάκι παραόξω, τίποτε. Μόνο ἀγέρας βουίζοντας μέσα στὰ μεσοδόκια καὶ στὰ λίγα καμένα λιθάρια μεριὲς-μεριὲς οἱ καπνοὶ βοσκώντας τὰ κουφάρια τῶν σκοτωμένων.

Μῆνες τριάντα τρεῖς καὶ πλέον βάστηξε τὸ Κακό. Ποὺ τὴ θύρα χτυπούσανε ν᾽ ἀνοίξουνε τῆς αὐλῆς τῶν προβάτων. Καὶ φωνὴ προβάτου δὲν ἀκούστηκε παρεχτὸς ἐπάνω στὸ μαχαίρι. Καὶ φωνὴ θύρας οὔτε, παρεχτὸς τὴν ὥρα ποὺ 'γερνε μὲς στὶς φλόγες τὶς ὕστερες νὰ καεῖ. Ἐπειδὴ αὐτὸς ὁ λαός μου ἡ θύρα καὶ αὐτὸς ὁ λαός μου ἡ αὐλὴ καὶ τὸ ποίμνιο τῶν προβάτων.

94

the wind wailing through the beams. And here and there, on the few charred rocks, smoke feeding on the remains of the slain.

Thirty-three months and more the Evil lasted. While they kept on knocking at the gate of lambs. And no lamb's voice was heard except under the knife. Nor the gate's voice, except at the hour when it sank into the final flames to burn. Because my people are the gate and the gateway and the flock of lambs.

ΤΗΣ ΑΓΑΠΗΣ αἵματα ❀ μὲ πορφύρωσαν
Καὶ χαρὲς ἀνείδωτες ❀ μὲ σκιάσανε
Ὀξειδώθηκα μὲς στὴ ❀ νοτιὰ
❀ τῶν ἀνθρώπων
Μακρινὴ Μητέρα ❀ Ρόδο μου Ἀμάραντο

Στ' ἀνοιχτὰ τοῦ πέλαγου ❀ μὲ καρτέρεσαν
Μὲ μπομπάρδες τρικάταρτες ❀ καὶ μοῦ ρίξανε
Ἁμαρτία μου νά 'χα ❀ κι ἐγὼ
❀ μιὰν ἀγάπη
Μακρινὴ Μητέρα ❀ Ρόδο μου Ἀμάραντο

Τὸν Ἰούλιο κάποτε ❀ μισανοίξανε
Τὰ μεγάλα μάτια της ❀ μὲς στὰ σπλάχνα μου
Τὴν παρθένα ζωὴ μιὰ ❀ στιγμὴ
❀ νὰ φωτίσουν
Μακρινὴ Μητέρα ❀ Ρόδο μου Ἀμάραντο

Κι ἀπὸ τότε γύρισαν ❀ καταπάνω μου
Τῶν αἰώνων ὄργητες ❀ ξεφωνίζοντας
«Ὁ ποὺ σ' εἶδε, στὸ αἷμα ❀ νὰ ζεῖ
❀ καὶ στὴν πέτρα»
Μακρινὴ Μητέρα ❀ Ρόδο μου Ἀμάραντο

Τῆς πατρίδας μου πάλι ❀ ὁμοιώθηκα
Μὲς στὶς πέτρες ἄνθισα ❀ καὶ μεγάλωσα
Τῶν φονιάδων τὸ αἷμα ❀ μὲ φῶς
❀ ξεπληρώνω
Μακρινὴ Μητέρα ❀ Ρόδο μου Ἀμάραντο

j

THE BLOOD of love has robed me in purple
And joys never seen before have covered me in shade.
I've become corroded in the south wind of humankind
Mother far away, my Everlasting Rose.

On the open sea they lay in wait for me,
With triple-masted men-of-war they bombarded me,
My sin that I too had a love of my own
Mother far away, my Everlasting Rose.

Once in July her large eyes
Half-opened, deep down my entrails, to light up
The virgin life for a single moment
Mother far away, my Everlasting Rose.

And since that day the wrath of ages
Has turned on me, shouting out the curse:
"He who saw you, let him live in blood and stone"
Mother far away, my Everlasting Rose.

Once again I took the shape of my native country,
I grew and flowered among the stones.
And the blood of killers I redeem with light
Mother far away, my Everlasting Rose.

Θεε μου σὺ μὲ θέλησες καὶ νά, στὸ ἀνταποδίδω
Τὴ συγγνώμη δὲν ἔδωσα,
    τὴν ἱκεσία δὲν ἔστερξα,
τὴν ἐρημιὰ τὴν ἄντεξα σὰν τὸ χαλίκι.
Τί, τί, τί ἄλλο μοῦ μέλλεται;
Τὰ κοπάδια τῶν ἄστρων ὁδηγῶ στὴν ἀγκάλη σου
    κι ἡ Αὐγή, πρὶν προλάβω,
στὰ δίχτυα της τά 'χει μακριὰ παρασύρει,
    ποὺ σὺ τὴ θέλησες!
Λόφους μὲ κάστρα καὶ πελάγη μὲ καρποφόρα
    στεριώνω στὸν ἄνεμο
κι ἡ καμπάνα τὰ πίνει, ἀργά, τοῦ δειλινοῦ,
    ποὺ σὺ τὴ θέλησες!
Ὑψώνω χόρτα σὰ νὰ φωνάζω μ' ὅλα τὰ φρένα μου
    καὶ νά τα πάλι ποὺ καταπέφτουν
ἀπὸ τὸ κάμα τοῦ Ἰουλίου,
    ποὺ σὺ τὸ θέλησες!
Τί λοιπόν, τί ἄλλο, τί νέο μοῦ μέλλεται;
    Ἰδοὺ ποὺ ἐσὺ μιλεῖς κι ἐγὼ ἀληθεύω.
Σφεντονάω τὴν πέτρα καὶ βρίσκει ἐπάνω μου.
Ὀρυχεῖα βαθαίνω καὶ τοὺς οὐρανοὺς ἐργάζομαι.
Τὰ πουλιὰ κυνηγῶ καὶ στὸ βάρος τους χάνομαι.
    Θεέ μου σὺ μὲ θέλησες καὶ νά, στὸ ἀνταποδίδω.
Τὰ στοιχεῖα ποὺ εἶσαι,
    ἡμέρες καὶ νύχτες,
ἥλιοι κι ἀστέρες, θύελλες καὶ γαλήνη,
    ἀνατρέπω στὴν τάξη κι ἐναντίον τὰ βάζω
τοῦ δικοῦ μου θανάτου,
    ποὺ σὺ τὸν θέλησες!

XV

I WAS YOUR WILL, my God, and here I pay you back.
I did not grant forgiveness,
    I did not give in to supplication,
I endured the desert like a pebble.
    What else, what else lies ahead for me?
I lead the flock of stars into your arms,
    and Dawn, before I can stop her,
has lured them far away into her nets,
    and she is your will!
Hills with castles and fruit-bearing seas
    I prop up against the wind
and the church bell of twilight slowly drinks them in,
    and that bell is your will!
I raise grass as though shouting with all my senses
    and there it is drooping again,
scorched by the heat of July,
    and this heat is your will!
What else then, what else new, lies ahead for me?
    Look, it is you who speak and I who come true,
I hurl the stone and it lands on me.
    I deepen mines and elaborate the skies.
I hunt the birds and lose myself in their weight.
    I was your will, my God, and here I pay you back.
The elements that you are,
    days and nights,
suns and stars, storms and serenity,
    I subvert into order and set against
my own death,
    which is also your will!

ΕΝΩΡΙΣ ἐξύπνησα τὶς ἡδονές
ἐνωρὶς τὴ λεύκα μου ἄναψα
    μὲ τὸ χέρι μπροστὰ στὴ θάλασσα προχώρησα
ἐκεῖ μόνος τὴν ἔστησα:
    Φύσηξες καὶ μὲ κύκλωσαν οἱ τρικυμίες
ἕνα-ἕνα μοῦ πῆρες τὰ πουλιά —
    Θεέ μου μὲ φώναζες καὶ πῶς νὰ φύγω;
Κοίταξα μὲς στὸ μέλλον τοὺς μῆνες καὶ τὰ χρόνια
    ποὺ ξανὰ θὰ γυρίσουνε χωρὶς ἐμένα
καὶ δαγκώθηκα τόσο βαθιὰ
    ποὺ ἀργὰ τὸ αἷμα μου ἔνιωσα ν'ἀναβλύζει ψηλὰ
καὶ νὰ στάζει ἀπ'τὸ μέλλον μου.
    Ἔσκαψα μὲς στὸ χῶμα τὴν ὥρα ποὺ ἤμουν ὁ ἔνοχος
καὶ τρέμοντας ἐσήκωσα τὸ θύμα στὰ χέρια μου
    καὶ τοῦ μίλησα τόσο ἁπαλὰ
ποὺ ἀργὰ τὰ μάτια του ἄνοιξαν καὶ σταλάξανε τὴ δροσιὰ
    στὸ χῶμα ποὺ ἤμουν ὁ ἔνοχος.
Ἔριξα τὸ σκοτάδι στὸ κρεβάτι τοῦ ἔρωτα
    μὲ τοῦ κόσμου τὰ πράγματα στὸ νοῦ μου γυμνὰ
καὶ τὸ σπέρμα μου τίναξα τόσο μακριὰ
    ποὺ ἀργὰ οἱ γυναῖκες γύρισαν μὲς στὸν ἥλιο καὶ πόνεσαν
καὶ γεννήσανε πάλι τὰ ὁρατά.
    Θεέ μου μὲ φώναζες καὶ πῶς νὰ φύγω;
Ἐνωρὶς ἐξύπνησα τὶς ἡδονές
    ἐνωρὶς τὴ λεύκα μου ἄναψα
μὲ τὸ χέρι μπροστὰ στὴ θάλασσα προχώρησα
    ἐκεῖ μόνος τὴν ἔστησα:
Φύσηξες καὶ λαχτάρισαν τὰ σωθικά μου
    ἕνα-ἕνα μοῦ γύρισαν τὰ πουλιά!

XVI

I ROUSED the sensual pleasures early,
lit my poplar early,
    arm thrust out I moved ahead to the sea
and there, alone, I set it up:
    You blew and storms surrounded me,
one by one you took away my birds —
    My God, you were calling me, how was I to escape?
I looked into the future at the months and years
    that will come back again without me
and bit myself so deeply
    that I felt my blood slowly rise
and drip out of my future.
    I dug in the earth at the hour of my guilt
and trembling I lifted the victim in my arms
    and spoke to it so gently
that its eyes slowly opened and dripped dew
    on the earth where I stood in my guilt.
I flung the darkness on the bed of love
    with worldly things naked in my mind,
and I shot my sperm so far
    that women turned slowly under the sun, in pain,
and once again gave birth to the visible.
    My God, you were calling me, how was I to escape?
I roused the sensual pleasures early,
    lit my poplar early,
arm thrust out I moved ahead to the sea
    and there, alone, I set it up:
You blew and my entrails yearned,
    one by one the birds came back to me!

ΘΑ ΚΑΡΩ Μοναχὸς ✽ τῶν θαλερῶν πραγμάτων
Σεμνὰ θὰ ὑπηρετῶ ✽ τὴν τάξη τῶν πουλιῶν
Στὸν ὄρθρο τῆς Συκιᾶς ✽ ἀπὸ τὶς νύχτες θά ᾽ρχομαι
Κατάδροσος ✽ νὰ φέρω στὴν ποδιά μου
Τὸ κυανὸ ✽ τὸ ρόδινο τὸ μώβ
Καὶ τὶς γενναῖες τοῦ νεροῦ ✽ ν᾽ ἀνάβω
Σταγόνες ✽ ὁ γενναιότερος.

Εἰκονίσματα θά ✽ ᾽χω τ᾽ ἄχραντα κορίτσια
Ντυμένα στοῦ πελά ✽ γους μόνο τὸ λινὸ
Θὰ δέομαι νὰ πά ✽ ρει τῆς μυρτιᾶς τὸ ἔνστικτο
Ἡ ἁγνότη μου ✽ καὶ τοὺς μυῶνες θηρίου
Τὸ ποταπό ✽ τὸ δύστροπο τὸ ἀχνό
Στὰ σφριγηλά μου σωθικὰ ✽ νὰ πνίξω
Γιὰ πάντα ✽ ὁ σφριγηλότερος.

Θὰ περάσουν καιροὶ ✽ πολλῶν ἀνομημάτων
Τοῦ κέρδους τῆς τιμῆς ✽ τῶν τύψεων τοῦ δαρμοῦ
Λυσσώντας θὰ χιμάει ✽ ὁ Βουκεφάλας τοῦ αἵματος
Τὶς ἄσπρες μου ✽ λαχτάρες νὰ λαχτίσει
Τὴν ἀντρειά ✽ τὸν ἔρωτα τὸ φῶς
Καὶ κραταιὲς ὀσφραίνοντάς ✽ τις νὰ χλι-
Μιντρίσει ✽ ὁ κραταιότερος.

Ἀλλὰ τότε στὶς ἓξ ✽ τῶν ὑψωμένων κρίνων
Ποὺ ἡ κρίση μου θὰ κά ✽ νει ρῆγμα τοῦ Καιροῦ
Ἡ ἑνδέκατη ἐντολὴ ✽ θ᾽ ἀναδυθεῖ ἀπ᾽ τὰ μάτια μου
Ἢ θά ᾽ναι αὐτὸς ✽ ὁ κόσμος ἢ δὲ θά ᾽ναι
Ὁ Τοκετός ✽ ἡ Θέωσις τὸ Ἀεὶ
Ποὺ μὲ τὰ δίκαια τῆς ψυχῆς ✽ μου θά ᾽χω
Κηρύξει ✽ ὁ δικαιότερος.

k

I WILL TONSURE *my head, monk of things verdant,*
And reverently serve the order of birds,
I will come to the matins of Fig Trees out of the night,
Dew-covered, to bring in my apron
Blue, pink, purple
And to kindle the generous water drops,
I the more generous.

I will have for icons the immaculate girls
Dressed only in the linen of the open sea,
I will pray that my purity assume
The myrtle's instinct and the muscle of wild animals,
To drown forever in my vigorous entrails
The mean, the perverse, the nebulous,
I the more vigorous.

There will be times of much iniquity,
Of profit and honor, of remorse and flogging,
The maddened Bucephalus of blood will charge
To trample my white yearning,
Valor, love, light,
And smelling them out as mighty, to neigh,
He the more mighty.

But then, at the sixth hour of the erect lilies,
When my judgment will make a crack in Time,
The eleventh Commandment will emerge from my eyes:
Either this world or none other shall be
The Labor of Birth, the Union with God, the Forever,
Which in the justice of my soul I will have proclaimed,
I the more just.

ΑΝΑΓΝΩΣΜΑ ΕΚΤΟ

ΠΡΟΦΗΤΙΚΟΝ

ΧΡΟΝΟΥΣ ΠΟΛΛΟΥΣ μετὰ τὴν Ἁμαρτία ποὺ τὴν εἴπανε Ἀρετὴ μέσα στὶς ἐκκλησίες καὶ τὴν εὐλόγησαν. Λείψανα παλιῶν ἄστρων καὶ γωνιὲς ἀραχνιασμένες τ' οὐρανοῦ σαρώνοντας ἡ καταιγίδα ποὺ θὰ γεννήσει ὁ νοῦς τοῦ ἀνθρώπου. Καὶ τῶν ἀρχαίων Κυβερνητῶν τὰ ἔργα πληρώνοντας ἡ Χτίσις, θὰ φρίξει. Ταραχὴ θὰ πέσει στὸν Ἅδη, καὶ τὸ σανίδωμα θὰ ὑποχωρήσει ἀπὸ τὴν πίεση τὴ μεγάλη τοῦ ἥλιου. Ποὺ πρῶτα θὰ κρατήσει τὶς ἀχτίδες του, σημάδι ὅτι καιρὸς νὰ λάβουνε τὰ ὄνειρα ἐκδίκηση. Καὶ μετὰ θὰ μιλήσει, νὰ πεῖ: ἐξόριστε Ποιητή, στὸν αἰώνα σου, λέγε, τί βλέπεις;

— Βλέπω τὰ ἔθνη, ἄλλοτες ἀλαζονικά, παραδομένα στὴ σφήκα καὶ στὸ ξινόχορτο.

— Βλέπω τὰ πελέκια στὸν ἀέρα σκίζοντας προτομὲς Αὐτοκρατόρων καὶ Στρατηγῶν.

— Βλέπω τοὺς ἐμπόρους νὰ εἰσπράττουν σκύβοντας τὸ κέρδος τῶν δικῶν τους πτωμάτων.

— Βλέπω τὴν ἀλληλουχία τῶν κρυφῶν νοημάτων.

Χρόνους πολλοὺς μετὰ τὴν Ἁμαρτία ποὺ τὴν εἴπανε Ἀρετὴ μέσα στὶς ἐκκλησίες καὶ τὴν εὐλόγησαν. Ἀλλὰ πρίν, ἰδοὺ θὰ γίνουν οἱ ὡραῖοι ποὺ ναρκισσεύτηκαν στὶς τριόδους Φίλιπποι καὶ Ροβέρτοι. Θὰ φορέσουν ἀνάποδα τὸ δαχτυλίδι τους, καὶ μὲ καρφὶ θὰ χτενίσουνε τὸ μαλλί τους, καὶ μὲ νεκροκεφαλὲς θὰ στολίσουνε τὸ στῆθος τους, γιὰ νὰ δελεάσουν τὰ γύναια. Καὶ τὰ γύναια θὰ καταπλαγοῦν καὶ θὰ στέρξουν. Γιὰ νὰ ἔβγει ἀληθινὸς ὁ λόγος, ὅτι σιμὰ ἡ μέρα ὅπου τὸ κάλλος θὰ παραδοθεῖ στὶς μύγες τῆς Ἀγορᾶς. Καὶ θὰ ἀγαναχτήσει τὸ κορμὶ τῆς πόρνης μὴν ἔχοντας ἄλλο τι νὰ ζηλέψει. Καὶ θὰ γίνει κατήγορος ἡ πόρνη σοφῶν καὶ μεγιστάνων, τὸ σπέρμα ποὺ ὑπηρέτησε πιστά, σὲ μαρτυρία φέρνοντας. Καὶ θὰ τινάξει πάνουθέ της τὴν κατάρα, κατὰ τὴν Ἀνατολὴ τὸ χέρι τεντώνοντας καὶ φωνάζοντας: ἐξόριστε Ποιητή, στὸν αἰώνα σου, λέγε, τί βλέπεις;

— Βλέπω τὰ χρώματα τοῦ Ὑμηττοῦ στὴ βάση τὴν ἱερὴ τοῦ Νέου Ἀστικοῦ μας Κώδικα.

— Βλέπω τὴ μικρὴ Μυρτώ, τὴν πόρνη ἀπὸ τὴ Σίκινο, στημένη πέ-

PROPHETIC

MANY YEARS after Sin—which they called Virtue in the churches and gave it their blessing—and after the storm—which will be given birth by the mind of man—will have swept relics of old stars and cobwebbed corners of the heavens, then Creation, paying for the works of ancient Rulers, shall shudder. Turmoil will fall upon Hades, and the planking will sag under the sun's great pressure. But first the sun will withhold its rays, a sign that the time has come for dreams to take their revenge. And then the sun will speak, saying: "Exiled Poet, speak, in your century what do you see?"

——I see the nations, once arrogant, abandoned to the wasp and the wood sorrel.

——I see axes in the air splitting the busts of Emperors and Generals.

——I see merchants stooping to cash in the dividends of their own cadavers.

——I see the coherence of secret meanings.

Many years after Sin—which they called Virtue in the churches and gave it their blessing: but before this, behold, there will be the beautiful "Philips" and "Roberts," narcissistic at the crossroads. They will wear their rings reversed, comb their hair with an iron nail, adorn their chests with skulls to lure the fancy women. And the fancy women will be amazed and acquiesce. So that the word may come true that the day is at hand when beauty will be surrendered to the flies of the Marketplace. And the whore's body will be outraged, having nothing else to envy. And the whore will turn plaintiff against the wise and the great, bringing as witness the seed she has faithfully served. And she will shake off the curse, stretching her arm toward the East, and shout: "Exiled Poet, speak, in your century what do you see?"

——I see the colors of Hymmetus at the holy base of our New Civil Code.

——I see young Myrto, the whore from Sikinos, a stone statue unveiled in the Marketplace of the Fountains and the standing Lions.

τρινο ἄγαλμα στὴν πλατεία τῆς Ἀγορᾶς μὲ τὶς Κρῆνες καὶ τὰ ὀρθὰ Λεοντάρια.

— Βλέπω τοὺς ἔφηβους καὶ βλέπω τὰ κορίτσια στὴν ἐτήσια Κλήρωση τῶν Ζευγαριῶν.

— Βλέπω ψηλά, μὲς στοὺς αἰθέρες, τὸ Ἐρέχθειο τῶν Πουλιῶν.

Λείψανα παλιῶν ἄστρων καὶ γωνιὲς ἀραχνιασμένες τ' οὐρανοῦ σαρώνοντας ἡ καταιγίδα ποὺ θὰ γεννήσει ὁ νοῦς τοῦ ἀνθρώπου. Ἀλλὰ πρίν, ἰδοὺ θὰ περάσουν γενεὲς τὸ ἀλέτρι τους πάνω στὴ στέρφα γῆς. Καὶ κρυφὰ θὰ μετρήσουν τὴν ἀνθρώπινη πραμάτεια τους οἱ Κυβερνῆτες, κηρύσσοντας πολέμους. Ὅπου θὰ χορτασθοῦνε ὁ Χωροφύλακας καὶ ὁ Στρατοδίκης. Ἀφήνοντας τὸ χρυσάφι στοὺς ἀφανεῖς, νὰ εἰσπράξουν αὐτοὶ τὸν μιστὸ τῆς ὕβρης καὶ τοῦ μαρτυρίου. Καὶ μεγάλα πλοῖα θ' ἀνεβάσουν σημαῖες, ἐμβατήρια θὰ πάρουν τοὺς δρόμους, οἱ ἐξῶστες νὰ ράνουν μὲ ἄνθη τὸ Νικητή. Ποὺ θὰ ζεῖ στὴν ὀσμὴ τῶν πτωμάτων. Καὶ τοῦ λάκκου σιμὰ του τὸ στόμα, τὸ σκοτάδι θ' ἀνοίγει στὰ μέτρα του, κράζοντας: ἐξόριστε Ποιητή, στὸν αἰώνα σου, λέγε, τί βλέπεις;

— Βλέπω τοὺς Στρατοδίκες νὰ καῖνε σὰν κεριά, στὸ μεγάλο τραπέζι τῆς Ἀναστάσεως.

— Βλέπω τοὺς Χωροφυλάκους νὰ προσφέρουν τὸ αἷμα τους, θυσία στὴν καθαρότητα τῶν οὐρανῶν.

— Βλέπω τὴ διαρκῆ ἐπανάσταση φυτῶν καὶ λουλουδιῶν.

— Βλέπω τὶς κανονιοφόρους τοῦ Ἔρωτα.

Καὶ τῶν ἀρχαίων Κυβερνητῶν τὰ ἔργα πληρώνοντας ἡ Χτίσις, θὰ φρίξει. Ταραχὴ θὰ πέσει στὸν Ἅδη, καὶ τὸ σανίδωμα θὰ ὑποχωρήσει ἀπὸ τὴν πίεση τὴ μεγάλη τοῦ ἥλιου. Ἀλλὰ πρίν, ἰδοὺ θὰ στενάξουν οἱ νέοι καὶ τὸ αἷμα τους ἀναίτια θὰ γεράσει. Κουρεμένοι κατάδικοι θὰ χτυπήσουν τὴν καραβάνα τους πάνω στὰ κάγκελα. Καὶ θὰ ἀδειάσουν ὅλα τὰ ἐργοστάσια, καὶ μετὰ πάλι μὲ τὴν ἐπίταξη θὰ γεμίσουν, γιὰ νὰ βγάλουνε ὄνειρα συντηρημένα σὲ κουτιὰ μυριάδες, καὶ χιλιάδων λογιῶν ἐμφιαλωμένη φύση. Καὶ θὰ 'ρθουνε χρόνια χλωμὰ καὶ ἀδύναμα μέσα στὴ γάζα. Καὶ θά 'χει καθένας τὰ λίγα γραμμάρια τῆς εὐτυχίας. Καὶ θὰ 'ναι τὰ πράγματα μέσα του κιόλας ὡραῖα ἐρείπια. Τότε, μὴν ἔχοντας ἄλλη ἐξορία, ποὺ νὰ θρηνήσει ὁ Ποιητής, τὴν ὑγεία τῆς καταιγίδας ἀπὸ τ' ἀνοιχτὰ στήθη του ἀδειάζοντας, θὰ γυρίσει γιὰ νὰ σταθεῖ στὰ ὡραῖα μέσα ἐρείπια. Καὶ τὸν πρῶτο λόγο του ὁ στερ-

——I see the boys and the girls at the annual Lottery of Couples.

——I see, high in the air, the Erechtheum of Birds.

After the storm — which was given birth by the mind of man — will have swept relics of old stars and cobwebbed corners of the heavens: but before this, behold, generations will pass their plow over the barren earth. And secretly the Rulers will count their human merchandise, declaring wars; there the Policeman and the Military Judge will have their fill, leaving the gold to the obscure so that they collect the wages of hubris and martyrdom. And great ships will spread their flags, marching songs will conquer the streets, balconies will shower the Victor with flowers, while he will live in the stench of corpses. And darkness will open to his measure the mouth of the grave near him, shouting: "Exiled Poet, speak, in your century what do you see?"

——I see the Military Judges burning like candles at the great banquet of the Resurrection.

——I see the Police offering their blood as a sacrifice to the cleanliness of the skies.

——I see the perpetual revolution of plants and flowers.

—— I see the gunboats of Love.

Then Creation, paying for the works of ancient Rulers, shall shudder. Turmoil will fall upon Hades, and the planking will sag under the sun's great pressure. But before this, behold, the young will sigh and their blood grow old for no reason. Cropped convicts will rattle their mess cans against the iron bars. And all the factories will empty, only to fill up again under requisition, so that they can produce preserved dreams in myriad boxes and a thousand brands of bottled nature. And years will come, pale and weak in their bandages. And everybody will have his few ounces of happiness. And the things inside him will already be beautiful ruins. Then the Poet, having no other place of exile in which to lament, emptying the storm's health from his open chest, will return to stand among the beautiful ruins inside. And then the last of men will say his first word: that the grass shall grow tall and that woman shall rise at his side like a sun's ray. And again he will worship the woman

107

νὸς τῶν ἀνθρώπων θὰ πεῖ, ν' ἀψηλώσουν τὰ χόρτα, ἡ γυναίκα στὸ πλάι του σὰν ἀχτίδα τοῦ ἥλιου νὰ βγεῖ. Καὶ πάλι θὰ λατρέψει τὴ γυναίκα καὶ θὰ τὴν πλαγιάσει πάνου στὰ χόρτα καθὼς ποὺ ἐτάχθη. Καὶ θὰ λάβουνε τὰ ὄνειρα ἐκδίκηση, καὶ θὰ σπείρουνε γενεὲς στοὺς αἰῶνες τῶν αἰώνων!

and lay her upon the grass, as was ordained. And dreams will take their revenge, and they will sow generations forever and ever!

ΑΝΟΙΓΩ τὸ στόμα μου ❀ κι ἀναγαλλιάζει τὸ πέλαγος
Καὶ παίρνει τὰ λόγια μου ❀ στὶς σκοτεινές του σπηλιὲς
Καὶ στὶς φώκιες τὶς μικρὲς ❀ τὰ ψιθυρίζει
Τὶς νύχτες ποὺ κλαῖν ❀ τῶν ἀνθρώπων τὰ βάσανα.

Χαράζω τὶς φλέβες μου ❀ καὶ κοκκινίζουν τὰ ὄνειρα
Καὶ τσέρχουλα γίνονται ❀ στὶς γειτονιὲς τῶν παιδιῶν
Καὶ σεντόνια στὶς κοπέ ❀ λες ποὺ ἀγρυπνοῦνε
Κρυφὰ γιὰ ν' ἀκοῦν ❀ τῶν ἐρώτων τὰ θαύματα.

Ζαλίζει τ' ἀγιόκλημα ❀ καὶ κατεβαίνω στὸν κῆπο μου
Καὶ θάβω τὰ πτώματα ❀ τῶν μυστικῶν μου νεκρῶν
Καὶ τὸ λῶρο τὸ χρυσὸ ❀ τῶν προδομένων
Ἀστέρων τους κό ❀ βω νὰ πέσουν στὴν ἄβυσσο.

Σκουριάζουν τὰ σίδερα ❀ καὶ τιμωρῶ τὸν αἰώνα τους
Ἐγὼ ποὺ δοκίμασα ❀ τὶς μυριάδες αἰχμὲς
Κι ἀπὸ γιούλια καὶ ναρκίσ ❀ σους τὸ καινούριο
Μαχαίρι ἑτοιμά ❀ ζω ποὺ ἁρμόζει στοὺς Ἥρωες.

Γυμνώνω τὰ στήθη μου ❀ καὶ ξαπολυοῦνται οἱ ἄνεμοι
Κι ἐρείπια σαρώνουνε ❀ καὶ χαλασμένες ψυχές
Κι ἀπ' τὰ νέφη τὰ πυκνά ❀ της καθαρίζουν
Τὴ γῆ, νὰ φανοῦν ❀ τὰ Λιβάδια τὰ Πάντερπνα!

1

I OPEN *my mouth and the sea rejoices*
And carries my words to its dark caves
And whispers them gently to the little seals
That weep in the night over the troubles of men.

I carve my veins and the dreams turn red
To become hoops in the children's alleys
And sheets for the girls lying awake
Secretly listening to the marvels of love.

Dizzy with honeysuckle I go down to my garden
And bury the bodies of my secret dead,
Cut the golden cord of their betrayed stars
So they can fall free into the abyss.

The iron turns rusty and I punish its century,
I who suffered the myriad piercing points,
Out of violets and hyacinths I fashion
A new knife fit for Heroes.

I bare my breast and the winds are unleashed,
They sweep away ruins and broken souls,
And clear the earth of its murky clouds
So to reveal the Meadows of Bliss!

Σε χωρα μακρινὴ καὶ ἀναμάρτητη τώρα πορεύομαι.
Τώρα μ᾽ ἀκολουθοῦν ἀνάλαφρα πλάσματα
    μὲ τοὺς ἰριδισμοὺς τοῦ πόλου στὰ μαλλιὰ
καὶ τὸ πράο στὸ δέρμα χρυσάφισμα.
    Μὲς στὰ χόρτα προβαίνω, μὲ τὸ γόνατο πλώρη
κι ἡ ἀνάσα μου διώχνει ἀπ᾽ τὴν ὄψη τῆς γῆς
    τὶς στερνὲς τολύπες τοῦ ὕπνου.
Καὶ τὰ δέντρα βαδίζουν στὸ πλάι μου, ἐναντίον τοῦ ἀνέμου.
    Μεγάλα μυστήρια βλέπω καὶ παράδοξα:
Κρήνη τὴν κρύπτη τῆς Ἑλένης.
    Τρίαινα μὲ δελφίνι τὸ σημάδι τοῦ Σταυροῦ.
Πύλη λευκὴ τὸ ἀνόσιο συρματόπλεγμα.
    Ὅθε μὲ δόξα θὰ περάσω.
Τὰ λόγια ποὺ μὲ πρόδωσαν καὶ τὰ ραπίσματα ἔχοντας
    γίνει μυρτιὲς καὶ φοινικόκλαρα:
Ὡσαννὰ σημαίνοντας ὁ ἐρχόμενος!
    Ἡδονὴ καρποῦ βλέπω τὴ στέρηση.
Ἐλαιῶνες λοξοὺς μὲ γαλάζιο ἀνάμεσα στὰ δάχτυλα
    τοὺς χρόνους τῆς ὀργῆς πίσω ἀπ᾽ τὰ σίδερα.
Καὶ γιαλὸν ἀπέραντο, ἀπὸ μαγγανεία ὡραίων ματιῶν βρεμένο,
    τὸν βυθὸ τῆς Μαρίνας.
Ὅπου ἁγνὸς θὰ περπατήσω.
    Τὰ δάκρυα ποὺ μὲ πρόδωσαν καὶ οἱ ταπεινώσεις ἔχοντας
γίνει πνοὲς καὶ ἀνέσπερα πουλιά:
    Ὡσαννὰ σημαίνοντας ὁ ἐρχόμενος!
Σὲ χώρα μακρινὴ καὶ ἀναμάρτητη τώρα πορεύομαι.

XVII

I'M ON my way now to a far and sinless country.
Now I'm followed by airy creatures
    with polar iridescence in their hair,
and gentle gilding on their skin.
    I sail through the grass with my knee for a prow,
and my breath clears from the face of the earth
    the last clusters of sleep.
And the trees walk by my side against the wind.
    I see mysteries great and strange:
Helen's crypt a crystal fountain.
    The sign of the Cross a Trident wound by a dolphin.
The unholy barbed wire a white gateway
    through which I will pass in glory.
The words that betrayed me, the insulting blows,
    having become myrtle and branches of palm
meaning: Hosanna to the coming one!
    I see destitution as the pleasure of fruit,
slanting olive groves with blue between the fingers,
    the years of wrath now behind iron bars.
And the depths of Marina an immense shore
    moistened by the sorcery of beautiful eyes,
where I in my purity will walk.
    The tears that betrayed me and the humiliations
having become breaths and never-setting birds
    meaning: Hosanna to the coming one!
I'm on my way now to a far and sinless country.

Σε χωρα μακρινή καὶ ἀρυτίδωτη τώρα πορεύομαι.
Τώρα μ᾽ ἀκολουθοῦν κορίτσια κυανὰ
κι ἀλογάκια πέτρινα
μὲ τὸν τροχίσκο τοῦ ἥλιου στὸ πλατὺ μέτωπο.
Γενεὲς μυρτιᾶς μ᾽ ἀναγνωρίζουν
ἀπὸ τότε ποὺ ἔτρεμα στὸ τέμπλο τοῦ νεροῦ,
ἅγιος, ἅγιος, φωνάζοντας.
Ὁ νικήσαντας τὸν Ἅδη καὶ τὸν Ἔρωτα σώσαντας,
αὐτὸς ὁ Πρίγκιπας τῶν Κρίνων εἶναι.
Κι ἀπὸ κεῖνες πάλι τὶς πνοὲς τῆς Κρήτης,
μιὰ στιγμὴ ζωγραφιζόμουν.
Γιὰ νὰ λάβει ὁ κρόκος ἀπὸ τοὺς αἰθέρες δίκαιο.
Στὸν ἀσβέστη τώρα τοὺς ἀληθινούς μου Νόμους
κλείνω κι ἐμπιστεύομαι.
Μακάριοι, λέγω, οἱ δυνατοὶ ποὺ ἀποκρυπτογραφοῦνε τὸ Ἄσπιλο.
Γι᾽ αὐτῶν τὰ δόντια ἡ ρόγα ποὺ μεθᾶ,
στῶν ἡφαιστείων τὸ στῆθος καὶ στὸ κλῆμα τῶν παρθένων.
Ἰδοὺ ἂς ἀκολουθήσουνε τὰ βήματά μου!
Σὲ χώρα μακρινὴ καὶ ἀρυτίδωτη τώρα πορεύομαι.
Τώρα τὸ χέρι τοῦ Θανάτου
αὐτὸ χαρίζει τὴ Ζωή
καὶ ὁ ὕπνος δὲν ὑπάρχει.
Χτυπᾶ ἡ καμπάνα τοῦ μεσημεριοῦ
κι ἀργὰ στὶς πέτρες τὶς πυρρὲς χαράζονται τὰ γράμματα:
ΝΥΝ καὶ ΑΙΕΝ καὶ ΑΞΙΟΝ ΕΣΤΙ.
Αἰὲν αἰὲν καὶ νῦν καὶ νῦν τὰ πουλιὰ κελαηδοῦν
ΑΞΙΟΝ ΕΣΤΙ τὸ τίμημα.

XVIII

I'M ON my way now to a far and unwrinkled country.
Now I'm followed by dark blue girls
    and small stone horses
with the sun's tiny wheel on their wide brows.
    Generations of myrtle have recognized me
ever since I trembled on the water's sacred screen
    crying holy, holy.
He, the conqueror of Hades and the savior of Eros,
    he is Prince of Lilies.
And I saw myself painted for a moment
    by those same Cretan breaths.
So that the crocus might be vindicated by the skies.
    Now to lime I entrust
My true Laws.
    Blessed, I say, are the potent ones who decipher the Undefiled.
For their teeth the intoxicating nipple
    on the breast of volcanoes and the vines of virgins.
Let them follow in my steps!
    I'm on my way to a far and unwrinkled country.
Now it is the hand of Death
    that grants the gift of Life
and sleep does not exist.
    The noon bell chimes
and slowly on the scorching stones letters are carved:
    NOW and FOREVER and PRAISED BE.
Forever forever and now and now the birds sing
    PRAISED BE the price paid.

ΤΟ ΔΟΞΑΣΤΙΚΟΝ

THE GLORIA

ΑΞΙΟΝ ΕΣΤΙ τὸ φῶς καὶ ἡ πρώτη
χαραγμένη στὴν πέτρα εὐχὴ τοῦ ἀνθρώπου
        ἡ ἀλκὴ μὲς στὸ ζῶο ποὺ ὁδηγεῖ τὸν ἥλιο
τὸ φυτὸ ποὺ κελάηδησε καὶ βγῆκε ἡ μέρα

Ἡ στεριὰ ποὺ βουτᾶ καὶ ὑψώνει αὐχένα
ἕνα λίθινο ἄλογο ποὺ ἱππεύει ὁ πόντος
        οἱ μικρὲς κυανὲς φωνὲς μυριάδες
ἡ μεγάλη λευκὴ κεφαλὴ Ποσειδῶνος

ΑΞΙΟΝ ΕΣΤΙ τὸ χέρι τῆς Γοργόνας
ποὺ κρατᾶ τὸ τρικάταρτο σὰ νὰ τὸ σώζει
        σὰ νὰ τὸ κάνει τάμα στοὺς ἀνέμους
σὰ νὰ λέει νὰ τ᾽ ἀφήσει καὶ πάλι ὄχι

Ὁ μικρὸς ἐρωδιὸς τῆς ἐκκλησίας
ἡ ἐννιὰ τὸ πρωὶ σὰν περγαμόντο
        ἕνα βότσαλο ἄπεφθο μέσα στὸ βάθος
τ᾽ οὐρανοῦ τοῦ γλαυκοῦ φυτεῖες καὶ στέγες

ΟΙ ΣΗΜΑΝΤΟΡΕΣ ΑΝΕΜΟΙ ποὺ ἱερουργοῦνε
ποὺ σηκώνουν τὸ πέλαγος σὰ Θεοτόκο
        ποὺ φυσοῦν καὶ ἀνάβουνε τὰ πορτοκάλια
ποὺ σφυρίζουν στὰ ὄρη κι ἔρχονται

118

PRAISED BE the light and man's

first rock-carved prayer

the vigor in the beast leading the sun

the plant that warbled so the day rose

The land that dives and rears its back

a stone horse the sea rides

the myriad tiny blue voices

the great white head of Poseidon

PRAISED BE the Mermaid's hand

holding the schooner as though to save it

as though to dedicate it to the winds

as though to drop it yet not really

The small heron on top of the church

nine in the morning like fragrant bergamot

a pure pebble down in the depths

the roofs and plantations of the azure sky

THE TOLLING WINDS that perform liturgies

that raise the sea like the Holy Virgin

that blow and set the oranges on fire

that whistle for the mountains and they come running

Οἱ ἀγένειοι δόκιμοι τῆς τρικυμίας

οἱ δρομεῖς ποὺ διάνυσαν τὰ οὐράνια μίλια

οἱ Ἑρμῆδες μὲ τὸ μυτερὸ σκιάδι

καὶ τοῦ μαύρου καπνοῦ τὸ κηρύκειο

Ὁ Μαΐστρος, ὁ Λεβάντες, ὁ Γαρμπής

ὁ Πουνέντες, ὁ Γραῖγος, ὁ Σιρόκος

ἡ Τραμουντάνα, ἡ Ὄστρια

ΑΞΙΟΝ ΕΣΤΙ τὸ ξύλινο τραπέζι

τὸ κρασὶ τὸ ξανθὸ μὲ τὴν κηλίδα τοῦ ἥλιου

τοῦ νεροῦ τὰ παιχνίδια στὸ ταβάνι

στὴ γωνιὰ τὸ φυλλόδεντρο ποὺ ἐφημερεύει

Οἱ λιθιὲς καὶ τὰ κύματα χέρι μὲ χέρι

μιὰ πατούσα ποὺ σύναξε σοφία στὴν ἄμμο

ἕνας τζίτζικας ποὺ ἔπεισε χιλιάδες ἄλλους

ἡ συνείδηση πάμφωτη σὰν καλοκαίρι

ΑΞΙΟΝ ΕΣΤΙ τὸ κάμα ποὺ κλωσάει

στὸ γιοφύρι ἀπὸ κάτω τὰ ὡραῖα κοτρόνια

τὰ σκατὰ τῶν παιδιῶν μὲ τὴν πράσινη μύγα

ἕνα πέλαγος βράζοντας καὶ δίχως τέλος

Beardless midshipmen of the storming sea

runners who've covered celestial miles

    those Hermae with their pointed hats

and the black smoke's heralding wand

                                Maistros, Levantes, Garbis

                            Pounentes, Graigos, Siroccos

                                  Ostria, Tramountana

PRAISED BE the wooden table

the blond wine with the sun's stain

    the water doodling across the ceiling

the philodendron on duty in the corner

    The walls hand in hand with the waves

a foot that gathered wisdom in the sand

    a cicada that convinced a thousand others

conscience radiant like a summer

PRAISED BE the heatwave hatching

the beautiful boulders under the bridge

    the shit of children with its green flies

a sea boiling and no end to it

Οἱ δεκάξι νομάτοι ποὺ τραβοῦν τὴν τράτα

ὁ ἀκάθιστος γλάρος ὁ ἀργοπλεύστης

οἱ φωνὲς οἱ ἀδέσποτες τῆς ἐρημίας

ἑνὸς ἴσκιου τὸ πέρασμα μέσα στὸν τοῖχο

ΤΑ ΝΗΣΙΑ μὲ τὸ μίνιο καὶ μὲ τὸ φοῦμο

τὰ νησιὰ μὲ τὸ σπόνδυλο κάποιανου Δία

τὰ νησιὰ μὲ τοὺς ἔρημους ταρσανάδες

τὰ νησιὰ μὲ τὰ πόσιμα γαλάζια ἡφαίστεια

Στὸ μελτέμι τὰ ὀρτσάροντας μὲ κόντρα-φλόκο

Στὸ γαρμπὴ τ' ἀρμενίζοντας πόντζα-λαμπάντα

ἕως ὅλο τὸ μάκρος τους τ' ἀφρισμένα

μὲ λιτρίδια μαβιὰ καὶ μὲ ἡλιοτρόπια

                    Ἡ Σίφνος, ἡ Ἀμοργός, ἡ Ἀλόννησος

                    ἡ Θάσος, ἡ Ἰθάκη, ἡ Σαντορίνη

                    ἡ Κῶς, ἡ Ἴος, ἡ Σίκινος

ΑΞΙΟΝ ΕΣΤΙ στὸ πέτρινο πεζούλι

ἀντικρὺ τοῦ πελάγους ἡ Μυρτὼ νὰ στέκει

σὰν ὡραῖο ὀκτὼ ἢ σὰν κανάτι

μὲ τὴν ψάθα τοῦ ἥλιου στὸ ἕνα χέρι

122

The sixteen deck hands hauling the net

the restless sea gull slowly cruising

stray voices out of the wilderness

a shadow's crossing through the wall

THE ISLANDS with all their minium and lampblack

the islands with the vertebra of some Zeus

the islands with their boat yards so deserted

the islands with their drinkable blue volcanoes

Facing the meltemi with jib close-hauled

Riding the southwester on a reach

the full length of them covered with foam

with dark blue pebbles and heliotropes

Sifnos, Amorgos, Alonnisos

Thasos, Ithaka, Santorini

Kos, Ios, Sikinos

PRAISED BE Myrto standing

on the stone parapet facing the sea

like a beautiful eight or a clay pitcher

holding a straw hat in her hand

Τὸ πορῶδες καὶ ἄσπρο μεσημέρι
ἕνα πούπουλο ὕπνου ποὺ ἀνεβαίνει
   τὸ σβησμένο χρυσάφι μὲς στοὺς πυλῶνες
καὶ τὸ κόκκινο ἄλογο ποὺ δραπετεύει

   Τοῦ κορμοῦ τοῦ ἀρχαίου τοῦ δέντρου ἡ Ἥρα
ὁ δαφνώνας ὁ ἀπέραντος ὁ φωτοφάγος
   ἕνα σπίτι σὰν ἄγκυρα κάτω στὸ βάθος
ἡ Κυρα-Πηνελόπη μὲ τὴν ἠλακάτη

   Τῆς ἀντίπερα ὄχθης τῶν πουλιῶν ὁ βόσπορος
ἕνα κίτρο ἀπ' ὅπου ὁ οὐρανὸς ἐχύθηκε
   ἡ γλαυκὴ ἀκοὴ μισὴ κάτω ἀπ' τὸ πέλαγος
μακροσύσκιοι ψίθυροι νυμφῶν καὶ σφένταμων

   ΑΞΙΟΝ ΕΣΤΙ ἑορτάζοντας τὴ μνήμη
τῶν ἁγίων Κηρύκου καὶ Ἰουλίτης
   ἕνα θαῦμα νὰ καίει στοὺς οὐρανοὺς τ' ἀλώνια
ἱερεῖς καὶ πουλιὰ νὰ τραγουδοῦν τὸ χαῖρε:

   ΧΑΙΡΕ ἡ Καιομένη καὶ χαῖρε ἡ Χλωρή
Χαῖρε ἡ Ἀμεταμέλητη μὲ τὸ πρωραῖο σπαθί

   Χαῖρε ἡ ποὺ πατεῖς καὶ τὰ σημάδια σβήνονται
Χαῖρε ἡ ποὺ ξυπνᾶς καὶ τὰ θαύματα γίνονται

124

The white and porous middle of day

the down of sleep lightly ascending

    the faded gold inside the arcades

and the red horse breaking free

    Hera of the tree's ancient trunk

the vast laurel grove, the light-devouring

    a house like an anchor down in the depths

and Kyra-Penelope twisting her spindle

    The straits for birds from the opposite shore

a citron from which the sky spilled out

    the blue hearing half under the sea

the long-shadowed whispering of nymphs and maples

    PRAISED BE, on the remembrance day

of the holy martyrs Cyricus and Julitta,

    a miracle burning threshing floors in the heavens

priests and birds chanting the *Ave:*

    HAIL Girl Burning and hail Girl Verdant

Hail Girl Unrepenting, with the prow's sword

    Hail you who walk and the footprints vanish

Hail you who wake and the miracles are born

Χαῖρε τοῦ παραδείσου τῶν βυθῶν ἡ Ἀγρία
Χαῖρε τῆς ἐρημίας τῶν νησιῶν ἡ Ἁγία

Χαῖρε ἡ Ὀνειροτόκος χαῖρε ἡ Πελαγινή
Χαῖρε ἡ Ἀγκυροφόρος καὶ ἡ Πενταστέρινη

Χαῖρε μὲ τὰ λυτὰ μαλλιὰ ἡ χρυσίζοντας τὸν ἄνεμο
Χαῖρε μὲ τὴν ὡραία λαλιὰ ἡ δαμάζοντας τὸ δαίμονα

Χαῖρε ποὺ καταρτίζεις τὰ Μηναῖα τῶν Κήπων
Χαῖρε ποὺ ἁρμόζεις τὴ ζώνη τοῦ Ὀφιούχου

Χαῖρε ἡ ἀκριβοσπάθιστη καὶ σεμνή
Χαῖρε ἡ προφητικιὰ καὶ δαιδαλική

Hail O Wild One of the depths' paradise

Hail O Holy One of the islands' wilderness

Hail Mother of Dreams, Girl of the Open Seas

Hail O Anchor-bearer, Girl of the Five Stars

Hail you of the flowing hair, gilding the wind

Hail you of the lovely voice, tamer of demons

Hail you who ordain the Monthly Ritual of the Gardens

Hail you who fasten the Serpent's belt of stars

Hail O Girl of the just and modest sword

Hail O Girl prophetic and daedalic

ΑΞΙΟΝ ΕΣΤΙ τὸ χῶμα ποὺ ἀνεβάζει

μιὰν ὀσμὴ κεραυνοῦ σὰν ἀπὸ θειάφι

 τοῦ βουνοῦ ὁ πυθμένας ὅπου θάλλουν

οἱ νεκροί ἄνθη τῆς αὔριον

Ὁ χωρὶς δισταγμοὺς ἔνστικτος νόμος

ὁ σφυγμός ὁ ταχὺς παίκτης τοῦ βίου

 ὁ αἱμάτινος θρόμβος ὁ σωσίας τοῦ ἥλιου

κι ὁ κισσός ὁ ἅλτης τῶν χειμώνων

ΑΞΙΟΝ ΕΣΤΙ τὸ ῥόπτρο-σκαραβαῖος

τὸ παράτολμο δόντι μὲς στὸ ψύχος τοῦ ἥλιου

 ὁ Ἀπρίλης ποὺ ἔνιωσε ν' ἀλλάζει φύλο

τῆς πηγῆς τὸ μπουμπούκι ὅ,τι ποὺ ἀνοίγει

Τὸ χειράμαξο γέρνοντας μὲ τό 'να πλάι

μιὰ χρυσόμυγα ποὺ ἄναψε φωτιὰ στὸ μέλλον

 τοῦ νεροῦ ἡ ἀόρατη ἀορτὴ ποὺ πάλλει

καὶ γι' αὐτὸ ζωντανὴ κρατᾶ ἡ γαρδένια

ΤΑ ΛΟΥΛΟΥΔΙΑ τὰ οἰκόσιτα τῆς Νοσταλγίας

τὰ λουλούδια τὰ νήπια τῆς βροχῆς ποὺ τρέμουν

 τὰ μικρὰ καὶ τετράποδα στὸ μονοπάτι

τ' ἀψηλὰ στοὺς ἥλιους καὶ τὰ ρεμβοκίνητα

128

PRAISED BE the soil that raises

a smell of thunder as though from sulphur

the floor of mountains where the dead

blossom as the flowers of tomorrow

The never hesitating law of instinct

the pulse, life's fast player

the clot of blood that is the sun's twin

and the ivy, high jumper of winters

PRAISED BE the scarab-shaped knocker

the brash tooth in icy sunshine

April sensing the change of sex

in the fountain's bud just as it opens

The wheelbarrow tilting on its side

the goldbug that set fire to the future

the water's invisible aorta throbbing

to make the gardenia stay alive

THE HOME-FED FLOWERS of Nostalgia

the trembling flowers, infants of rain

the small and four-legged ones on the footpath

those high among suns, and the dream-walking

Τὰ σεμνὰ μὲ τὴν κόκκινη ἀρρεβώνα
τὰ κομπάζοντας ἔφιππα μὲς στοὺς λειμῶνες
τὰ σὲ καθαρὸ οὐρανὸ ἐργασμένα
τὰ στοχαστικὰ καὶ τὰ χιμαιροποίκιλτα

Τὸ Κρίνο, τὸ Τριαντάφυλλο, τὸ Γιασεμί

ὁ Μενεξές, ἡ Πασχαλιά, ὁ Ὑάκινθος

τὸ Γιούλι, τὸ Ζαμπάκι, τὸ Ἀστρολούλουδο

ΑΞΙΟΝ ΕΣΤΙ τὸ σύννεφο στὴ χλόη
στὸ βρεμένο ἀστράγαλο τὸ φρτ τῆς σαύρας
τὸ βαθὺ τῆς Μνησαρέτης βλέμμα
ποὺ δὲν εἶναι ἀρνιοῦ καὶ ἄφεση δίνει

Τῆς καμπάνας ὁ ἄνεμος ὁ χρυσεγέρτης
ὁ ἱππέας ποὺ πάει ν' ἀναληφτεῖ στὴ δύση
καὶ ὁ ἄλλος ἱππέας ὁ νοητὸς ποὺ πάει
τῆς φθορᾶς τὸν καιρὸ ν' ἀνασκολοπίσει

Μιᾶς νυχτὸς Ἰουνίου ἡ νηνεμία
γιασεμιὰ καὶ φουστάνια στὸ περιβόλι
τὸ ζωάκι τῶν ἄστρων ποὺ ἀνεβαίνει
τῆς χαρᾶς ἡ στιγμὴ λίγο πρὶν κλάψει

130

The modest with red engagement rings

the haughty riding across the meadows

those fashioned of pure sky

the thoughtful, and those inlaid with chimeras

Lily, Rose, Jasmine

Violet, Lilac, Hyacinth

Carnation, Narcissus, Aster

PRAISED BE the cloud on the grass

the swoosh of a lizard on a wet ankle

Mnisareti's deep gaze

not the lamb's yet granting forgiveness

The bell's gold-evoking wind

the rider westbound to his ascension

and that other unseen rider heading

to impale the coming hour of decay

The windless calm of a night in June

jasmine and petticoats in the garden

the pet animal of the stars climbing

the moment of joy just before tears

131

Ένας κόμπος ψυχῆς κι οὔτε πιὰ λέξη

σὰν παράθυρο ἄδειο ἡ Ἀρετούσα

   καὶ ὁ ἔρωτας ἔλθοντ' ἐξ ὁράνω

πορφυρίαν περθέμενον χλάμυν

ΤΑ ΚΟΡΙΤΣΙΑ ἡ πόα τῆς οὐτοπίας

τὰ κορίτσια οἱ παραπλανημένες Πλειάδες

   τὰ κορίτσια τ' Ἀγγεῖα τῶν Μυστηρίων

τὰ γεμάτα ὡς πάνω καὶ τ' ἀπύθμενα

Τὰ στυφὰ στὸ σκοτάδι καὶ ὅμως θαῦμα

τὰ γραμμένα στὸ φῶς καὶ ὅμως μαυρίλα

   τὰ στραμμένα ἐπάνω τους ὅπως οἱ φάροι

τὰ ἡλιοβόρα καὶ τὰ σεληνοβάμονα

                    Η Ἔρση, ἡ Μυρτώ, ἡ Μαρίνα

                    ἡ Ἑλένη, ἡ Ρωξάνη, ἡ Φωτεινή

                    ἡ Ἄννα, ἡ Ἀλεξάνδρα, ἡ Κύνθια

Τῶν ψιθύρων ἡ ἐπώαση μὲς στὰ κοχύλια

μιὰ χαμένη σὰν ὄνειρο: ἡ Ἀριγνώτα

   ἕνα φῶς μακρινὸ ποὺ λέει: κοιμήσου

σαστισμένα φιλιὰ σὰν πλῆθος δέντρα

A drop of soul and no word said

Aretousa like an empty window

    and love "descending from the heavens

having donned a purple tunic."

    THE GIRLS, blue grass of utopia

the girls, those Pleiades led astray

    the girls, those Vessels of the Mysteries

full to the brim yet bottomless

    Astringent in the dark yet marvelous

carved out in light yet all darkness

    turning on themselves like a lighthouse

the sun-devouring, the moon-walking

    Ersi, Myrto, Marina

    Eleni, Roxani, Fotini

    Anna, Alexandra, Cynthia

    The hatching of whispers inside seashells

one lost like a dream: Arignota

    a distant light that says: sleep

bewildered kisses like a crowd of trees

Τὸ λιγάκι πουκάμισο ποὺ τρώει ὁ ἀέρας
τὸ χνουδάκι τὸ χλόινο πάνω στὴν κνήμη
τοῦ αἰδοίου τὸ μενεξεδένιο ἅλάτι
καὶ τὸ κρύο νερὸ τῆς Πανσελήνου

Αξιον εστι τὸ μακρινὸ τραγούδι
ὁ μυχὸς τῆς Ἑλένης μὲ τὸ κυματάκι
τὰ φραγκόσυκα φέγγοντας μὲς στὴ μασχάλη
ἐρειπιῶνες τοῦ μέλλοντος καὶ τῆς ἀράχνης

Τὰ νυχτέρια τ' ἀτέλειωτα μέσα στὰ σπλάχνα
τὸ ρολόι τὸ ἄυπνο ποὺ δὲ φελάει
ἕνα μαῦρο κρεβάτι ποὺ ὅλο πλέει
στὰ τραχιὰ τὰ παράλια τοῦ Γαλαξία

Τα καραβια τὰ ὅρθια μὲ τὸ μαῦρο πόδι
τὰ καράβια οἱ αἶγες τῶν Ὑπερβορείων
τὰ καράβια οἱ πεσσοὶ τοῦ Πολιχοῦ καὶ τοῦ Ὕπνου
τὰ καράβια οἱ Νικοθόες κι οἱ Εὕαδνες

Τὰ γεμάτα βοριάδες καὶ φουντούχι τοῦ Ὄρους
τὰ μυρίζοντας μούργα καὶ χαρούπι ἀρχαῖο
τὰ γραμμένα στὴ μάσκα τους καθὼς οἱ Ἁγίοι
τὰ τὴν ἴδια στιγμὴ λοξὰ καὶ ἀκίνητα

134

The bit of blouse the wind eats

the mossy peach fuzz on the shin

    the cunt's violet-scented salt

and the cold water of the Full Moon

PRAISED BE the distant song

Eleni's innermost bay with its ripple

    the barbary figs shining in the armpits

ruined sites of the future and the spider

The endless night-shifts in the entrails

the sleepless clock that's no good at all

    a black bed that keeps on floating

along the Galaxy's rugged shores

THE SHIPS upright on black feet

the ships, those goats of the Hyperboreans

    the ships, pawns of the North Star and Sleep

the ships, those Evadnes and Nicothoas

Full of gales and the hazels of Athos

smelling of dregs and ancient carobs

    their bows painted like the icons of saints

heeling and motionless all at once

Ἡ Ἀγγέλικα, ὁ Πολικός, οἱ Τρεῖς Ἱεράρχαι

Ὁ Ἀτρόμητος, ἡ Ἀλκυών, ἡ Ναυκρατοῦσα

τὸ Μαράκι, τὸ Ἔχει ὁ Θεός, ἡ Εὐαγγελίστρια

ΑΞΙΟΝ ΕΣΤΙ τὸ κύμα ποὺ ἀγριεύει

καὶ σηκώνεται πέντε ὀργιὲς ἐπάνω

    τὰ χυμένα μαλλιὰ στὸ ὄρνεο ποὺ γυρίζει,

καὶ χτυπιέται στὰ τζάμια μὲ τὴν καταιγίδα

    Ἡ Μαρίνα καθὼς προτοῦ νὰ ὑπάρξει

μὲ τοῦ σκύλου τὸ καύκαλο καὶ τὰ δαιμόνια

    ἡ Μαρίνα τὸ κέρας τῆς Σελήνης

ἡ Μαρίνα ὁ χαλασμὸς τοῦ κόσμου

    Τὰ μουράγια ξεσκέπαστα στὴ σοροκάδα

ὁ παπὰς τῶν νεφῶν ποὺ ἀλλάζει γνώμη

    τὰ καημένα τὰ σπίτια ποὺ τὸ ἕνα στὸ ἄλλο

ἀκουμποῦνε γλυκὰ καὶ ἀποκοιμιοῦνται

    Τῆς μικρῆς βροχῆς τὸ λυπημένο πρόσωπο

ἡ παρθένα ἐλιὰ τὸ λόφο ἀνηφορίζοντας

    οὔτε μία φωνὴ στὰ κουρασμένα σύννεφα

τῆς πολίχνης τὸ σαλιγκαράκι ποὺ ἔσπασε

136

Angelica, Polar, the Three Fathers

the Intrepid, the Halcyon, the Sea Lord

Maraki, In God We Trust, the Annunciation

PRAISED BE the wave growing wild

rising five fathoms high

the hair spilled to the vulture turning

to strike the windowpanes in a storm

Marina as she was before she existed

with the wild dog's skull and the demons

Marina, the moon's crescent horn

Marina, the world's doom and destruction

The quays open to the southern gale

the priest of the clouds who changes his mind

those poor little houses one on the other

leaning gently and falling asleep

the sad face of the passing rain

the virgin olive tree climbing the hill

no voice in the tired clouds

the small town's snail that was crushed

137

ΑΞΙΟΝ ΕΣΤΙ ὁ πικρὸς καὶ ὁ μόνος

ὁ ἀπὸ πρὶν χαμένος ἐσὺ νά 'σαι

Ποιητὴς ποὺ δουλεύει τὸ μαχαίρι

στὸ ἀνεξίτηλο τρίτο του χέρι:

ΟΤΙ ΑΥΤΟΣ ὁ Θάνατος καὶ αὐτὸς ἡ Ζωή

Αὐτὸς τὸ 'Απρόβλεπτο καὶ αὐτὸς οἱ Θεσμοί

Αὐτὸς ἡ εὐθεῖα τοῦ φυτοῦ ἡ τὸ σῶμα τέμνοντας

Αὐτὸς ἡ ἑστία τοῦ φακοῦ ἡ τὸ πνεῦμα καίγοντας

Αὐτὸς ἡ δίψα ἡ μετὰ τὴν κρήνη

Αὐτὸς ὁ πόλεμος ὁ μετὰ τὴν εἰρήνη

Αὐτὸς ὁ θεωρὸς τῶν κυμάτων ὁ Ἴων

Αὐτὸς ὁ Πυγμαλίων πυρὸς καὶ τεράτων

Αὐτὸς ἡ θρυαλλίδα ποὺ ἀπὸ τὰ χείλη ἀνάβει

Αὐτὸς ἡ ἀόρατη σήραγγα ποὺ ὑπερκερᾶ τὸν Ἄδη

Αὐτὸς ὁ Ληστὴς τῆς ἡδονῆς ποὺ δὲ σταυρώνεται

Αὐτὸς ὁ Ὄφις ποὺ μὲ τὸ Στάχυ ἑνώνεται

Αὐτὸς τὸ σκότος καὶ αὐτὸς ἡ ὄμορφη ἀφροσύνη

Αὐτὸς τῶν ὄμβρων τοῦ φωτὸς ἡ ἑαροσύνη

138

PRAISED BE you the bitter one

the lonely one, lost from the start

Poet practicing with a knife

in his third hand, the indelible one:

FOR HE is Death and he Life

He the Unforeseen and he the Laws

He the plant's straight line cutting across the body

He the focus of the lens burning the spirit

He the thirst that comes after the fountain

He the war that comes after the peace

He the watcher of waves, the Ion

He the Pygmalion of fires and monsters

He the fuse that lips ignite

He the unseen tunnel that outflanks Hades

He sensuality's Thief who can't be crucified

He the Serpent who unites with the Ear of Corn

He the darkness and he the beautiful folly

He the vernal essence of the showers of light

ΑΞΙΟΝ ΕΣΤΙ τὸ γύρισμα τοῦ λόχου
στὸ ρύγχος τοῦ ἀνθρώπου καὶ αὐτὸ στοῦ ἀγγέλου
τὰ ἐννέα σκαλιὰ ποὺ ἀνέβηκε ὁ Πλωτῖνος
τὸ χάσμα τοῦ σεισμοῦ ποὺ ἐγιόμισε ἄνθη

Τὸ λιγάκι ποὺ ἀγγίζοντας ἀφήνει ὁ γλάρος
καὶ φωτίζει τὰ βότσαλα σὰν ἀθωότης
ἡ γραμμὴ ποὺ χαράζεται μὲς στὴν ψυχή σου
καὶ τὸ πένθος μηνᾶ τοῦ Παραδείσου

ΑΞΙΟΝ ΕΣΤΙ τὸ πρὶν τῆς ὀπτασίας
ἀχερούσιο σάλπισμα καὶ πύρινη ὤχρα
τὸ καιούμενο ποίημα καὶ ἠχεῖο θανάτου
οἱ δορύαιχμες λέξεις καὶ αὐτοκτόνες

Τὸ ἐνδόμυχο φῶς ποὺ ἀσπρογαλιάζει
κατ' εἰκόνα καὶ ὁμοίωση τοῦ ἀπείρου
τὰ χωρὶς ἐκμαγεῖο βουνὰ ποὺ βγάζουν
ἀπαράλλαχτες ὄφεις τοῦ αἰωνίου

ΤΑ ΒΟΥΝΑ μὲ τὴν οἴηση τῶν ἐρειπίων
τὸ βουνὰ τὰ βαρύθυμα, τὰ μαστοφόρα
τὰ βουνὰ τὰ σὰν ὕφαλα μιᾶς ὀπτασίας
τὰ κλεισμένα ὁλοῦθε καὶ τὰ σαρανταπόρα

140

PRAISED BE the wolf's snout

changing to man's and his to an angel's

the nine steps that Plotinus climbed

the earthquake's chasm that filled with flowers

The slightest touch left by the sea gull

lighting up the pebbles like innocence

the line scarred upon your soul

signaling the grief of Paradise

PRAISED BE the underworld trumpeting

and the fiery yellow before the vision

the burning poem, death's echoing chamber

the spear-tipped and suicidal words

The inward light dawning pearl

in the image and likeness of the infinite

uncasted mountains turning out

identical images of eternity

THE MOUNTAINS arrogant like ancient ruins

the mountains heavy and sullen mammals

the mountains like a vision's submerged reefs,

closed in everywhere yet with forty passes

Τὰ γεμάτα φιλόβροχο σὰν μοναστήρια

τὰ χωμένα στὸ πόδι τῶν προβάτων

τὰ ἠρέμα πηγαίνοντας καθὼς βουκόλοι

μὲ τὸ μαῦρο ζιμπούνι καὶ μὲ τὸ πανωμάντιλο

Ἡ Πίνδος, ἡ Ροδόπη, ὁ Παρνασσός

ὁ Ὄλυμπος, ὁ Τυμφρηστός, ὁ Ταΰγετος

ἡ Δίρφυς, ὁ Ἄθως, ὁ Αἶνος

ΑΞΙΟΝ ΕΣΤΙ τὸ διάσελο ποὺ ἀνοίγει

αἰωνίου γαλάζιου ὁδὸ στὰ νέφη

μιὰ φωνὴ ποὺ παράπεσε μὲς στὴν κοιλάδα

μιὰ ἠχὼ ποὺ σὰν βάλσαμο τὴν ἤπιε ἡ μέρα

Τῶν βοδιῶν ἡ προσπάθεια ποὺ σέρνουν

τοὺς βαριοὺς ἐλαιῶνες πρὸς τὴ δύση

ὁ καπνὸς ὁ ἀτάραχος ποὺ πάει

τῶν ἀνθρώπων τὰ ἔργα νὰ διαλύσει

ΑΞΙΟΝ ΕΣΤΙ τὸ πέρασμα τοῦ λύχνου

τὸ γεμάτο χαλάσματα καὶ μαύρους ἴσκιους

ἡ σελίδα ποὺ γράφτηκε κάτω ἀπ' τὸ χῶμα

τὸ τραγούδι ποὺ εἶπε ἡ Λυγερὴ στὸν Ἄδη

Those filled with drizzle like the monasteries

tucked away in the mist of sheep

those walking calmly like herdsmen

wearing the black vest and the headscarf

Pindus, Rodopi, Parnassus

Olympus, Tymphristos, Taygetus

Dirfys, Athos, Ainos

PRAISED BE the mountain saddle that opens

an eternally blue road in clouds

a voice mislaid deep in the valley

an echo drunk by the day like balsam

The effort of oxen dragging westward

the heavy groves of olive trees

the smoke unruffled on its way

to find and dissolve the works of man

PRAISED BE the oil lamp's motion

black with shadows and full of ruins

the page written under the soil

the song Liyeri sang in Hades

Τὰ ξυλόγλυπτα τέρατα πάνω στὸ τέμπλο

οἱ ἀρχαῖες οἱ λεῦκες οἱ ἰχθυοφόρες

οἱ ἐράσμιες Κόρες μὲ τὸ πέτρινο χέρι

ὁ λαιμὸς τῆς Ἑλένης ὡσὰν παραλία

Τ'ΑΣΤΕΡΟΕΝΤΑ δέντρα μὲ τὴν εὐδοκία

ἡ παρασημαντικὴ ἑνὸς ἄλλου κόσμου

ἡ παλιὰ δοξασία ὅτι πάντα ὑπάρχει

τὸ πολὺ σιμὰ καὶ ὅμως ἀόρατο

Ἡ σκιὰ ποὺ τὰ γέρνει μὲ τὸ πλάι στὸ χῶμα

ἕνα κάτι τοῦ κίτρινου στὴ θύμησή τους

ἡ ἀρχαία τους ὄρχηση πάνω ἀπ' τοὺς τάφους

ἡ σοφία τους ἡ ἀδιατίμητη

                    Ἡ Ἐλιά, ἡ Ῥοδιά, ἡ Ῥοδακινιά

                    τὸ Πεῦκο, ἡ Λεύκα, ὁ Πλάτανος

                    ὁ Δρύς, ἡ Ὀξιά, τὸ Κυπαρίσσι

ΑΞΙΟΝ ΕΣΤΙ τὸ ἀναίτιο δάκρυ

ἀνατέλλοντας ἀργὰ στὰ ὡραῖα μάτια

τῶν παιδιῶν ποὺ κρατιοῦνται χέρι-χέρι

τῶν παιδιῶν ποὺ κοιτάζουνται καὶ δὲ μιλιοῦνται

144

The monsters carved on the icon screen

the ancient poplars, bearers of fish

    the lovable Korae of the stone arm

Helen's neck so like a shoreline

THE TREES starry with good will

the musical notation of another world

    the ancient belief that there always exists

the very near yet still unseen

The shadow that bends them against the earth

something yellow in their remembering

    their ancient dancing over graves

their wisdom that has no price to it

Olive, Pomegranate, Peach

Pine, Poplar, Plane Tree

Oak, Beech, Cypress

PRAISED BE the unmotivated tear

rising slowly in the lovely eyes

    of children standing hand in hand

of children staring speechlessly

Τῶν ἐρώτων τὸ τραύλισμα πάνω στὰ βράχια

ἕνας φάρος ποὺ ἐκτόνωσεν αἰώνων θλίψη

τὸ τριζόνι τὸ ἐπίμονο καθὼς ἡ τύψη

καὶ τὸ μάλλινο ἔρημο μέσα στ' ἀγιάζι

Ὁ στυφὸς μὲς στὰ δόντια ἐπίορκος δυόσμος

δύο χείλη ποὺ ἀδύνατο νὰ στέρξουν — καὶ ὅμως

τὸ "ἀντίο„ στὰ τσίνορα ποὺ λίγο λάμπει

καὶ μετὰ ὁ γιὰ πάντοτε θολὸς κόσμος

Τὸ ἀργὸ καὶ βαρὺ τῶν καταιγίδων ὄργανο

στὴν κατεστραμμένη του φωνὴ ὁ Ἡράκλειτος

τῶν φονιάδων ἡ ἄλλη πλευρὰ ἡ ἀθέατη

τὸ μικρὸ "γιατί„ ποὺ ἔμεινε ἀναπάντητο

ΑΞΙΟΝ ΕΣΤΙ τὸ χέρι ποὺ ἐπιστρέφει

ἀπὸ φόνο φριχτὸν καὶ τώρα ξέρει

ποιὸς ἀλήθεια ὁ κόσμος ποὺ ὑπερέχει

ποιὸ τὸ "νῦν„ καὶ ποιὸ τὸ "αἰὲν„ τοῦ κόσμου:

ΝΥΝ τὸ ἀγρίμι τῆς μυρτιᾶς Νῦν ἡ κραυγὴ τοῦ Μάη

ΑΙΕΝ ἡ ἄκρα συνείδηση Αἰὲν ἡ πλησιφάη

Νῦν νῦν ἡ παραίσθηση καὶ τοῦ ὕπνου ἡ μιμική

Αἰὲν αἰὲν ὁ λόγος καὶ ἡ Τρόπις ἡ ἀστρική

146

Love's stammering upon the rocks

a lighthouse discharging the grief of ages

a cricket insisting like remorse

a woolen sweater left to the frost

Perjured mint astringent to the teeth

lips that couldn't yield — and yet

the "good-by" shining briefly on the lashes

then the eternally turbid world

The storms' slow and heavy organ

Heraclitus in his ruined voice

the other, the invisible side of killers

the tiny "why" that remained unanswered

PRAISED BE the hand returning

from terrible murder knowing now

which the world that is really superior

which the world's "now," which its "forever":

Now the myrtle's wild animal   Now the cry of May

FOREVER the utmost conscience   Forever the full light

Now now the hallucination and the mimicry of sleep

Forever forever the word and forever the astral Keel

Νῦν τῶν λεπιδοπτέρων τὸ νέφος τὸ κινούμενο
Αἰὲν τῶν μυστηρίων τὸ φῶς τὸ περιιπτάμενο

Νῦν τὸ περίβλημα τῆς Γῆς καὶ ἡ Ἐξουσία
Αἰὲν ἡ βρώση τῆς Ψυχῆς καὶ ἡ πεμπτουσία

Νῦν τῆς Σελήνης τὸ μελάγχρωμα τὸ ἀνίατο
Αἰὲν τὸ χρυσοκύανο τοῦ Γαλαξία σελάγισμα

Νῦν τῶν λαῶν τὸ ἀμάλγαμα καὶ ὁ μαῦρος Ἀριθμός
Αἰὲν τῆς Δίκης τὸ ἄγαλμα καὶ ὁ μέγας Ὀφθαλμός

Νῦν ἡ ταπείνωση τῶν Θεῶν Νῦν ἡ σποδὸς τοῦ Ἀνθρώπου
Νῦν Νῦν τὸ μηδέν

καὶ Αἰὲν ὁ κόσμος ὁ μικρός, ὁ Μέγας!

148

Now the moving cloud of lepidoptera

Forever the circumgyrating light of mysteries

Now the crust of the Earth and the Dominion

Forever the food of the Soul and the quintessence

Now the Moon's incurable swarthiness

Forever the Galaxy's golden blue scintillation

Now the amalgam of peoples and the black Number

Forever the statue of Justice and the great Eye

Now the humiliation of the Gods   Now the ashes of Man

Now Now the zero

and Forever this small world the Great!

NOTES

AXION ESTI
In the Greek Orthodox ecclesiastical tradition, these two words (meaning "worthy it is") have a double Mariolatric connotation: first, the title of a Byzantine hymn glorifying the Virgin Mother of God; and second, the name of a famous holy icon of the Virgin still extant on Mount Athos.

"The Genesis"
The form of this section consists of seven "paragraphs" or "hymns" written in free verse, with a refrain at the end. According to the poet's commentary (see the Preface, p. xv), each "paragraph" corresponds to a stage of the Creation, of the Ages of Man, of the hours from dawn to midday (the section ends with nighttime, because the day's progress is abruptly interrupted by the appearance of Danger, incarnated by the Others and coinciding with the poet's maturity).

P. 3, l. 13
the three Black Women: The three Fates who preside over man's birth in both the ancient and the modern Greek traditions.

P. 3, l. 33
the Seven Axes: The name of the neighborhood in Herakleion (Crete) where the poet was born. The name derives from the axes that symbolize the seven Turkish regiments which conquered the city in 1669. Shortly after the poet's birth (in 1912), Crete was united with Greece, and these axes were taken down from the eastern wall. Four of them are on view today in the civic museum.

P. 5, l. 15
the great Tower: The Venetian fortress at the entrance to the harbor of Herakleion.

P. 9, l. 15
Ios, Sikinos, Serifos, Milos: Islands of the Cyclades group.

P. 11, l. 11
There the asparagus, there the kale: In keeping with the poet's advice, we have not always translated the flora and fauna of this poem literally, but with an eye to sound and tone, the values that controlled the poet's choice of terms in the Greek.

P. 11, l. 36
the Virgin's mare: Popular name of the praying mantis, *mantis religioso.*

P. 13, ll. 23–24
ROES . . . YELTIS: Anagrams of favorite motifs in Elytis's poetry, that is, Eros, Sea, Marina, Sun, Immortality, Elytis.

P. 21, l. 7
Saint Marina with the demons: According to folk tradition, Saint Marina has the power to liberate man from the demons that torment him.

P. 21, l. 9
the Island gulfed by olive groves: Lesbos, or Mytilini, the poet's ancestral home.

P. 21, ll. 11–12
He who gave his blood . . . of the Saint: The allusion is not to Christ but to an eighteenth-century martyr, Theodoros of Mytilini, placed by local tradition at the beginning of the poet's family tree.

P. 21, l. 15
Yera: A gulf of Lesbos surrounded by the five villages mentioned in the lines that follow. The ancestors of the poet's mother came from this district of the island.

P. 23, ll. 25–28
those who wear the black shirt . . . Neocondors: Characteristics and neologisms depicting the various "barbarians" who have invaded Greece.

P. 23, l. 30
Tetractys: Pythagorean figure (ten dots forming an equilateral triangle) representing the number 10 and showing its composition as 1+2+3+4. The later Pythagoreans regarded it as "holy," the heart of creation. .⁘.

P. 25, ll. 4–5
the Upright Pillars . . . Knowledge of God: Vision of the Parthenon and its carved frieze.

"The Passion"
The form of this section consists of a pattern which includes the following three types or units: Psalms, in free verse (indicated by roman numerals); Odes, in various intricate but strict metrical stanzas (numbered alphabetically in lower case); Readings, in loosely rhythmic prose. Each Reading is surrounded by two Odes (O + R + O) and this again by four Psalms (PP + ORO + PP). The section is divided into three equal parts of identical binary pattern (PPOROPPOROPP). Where the parts join, the Psalms are four in a row instead of two. It should be noted that in the original text each Ode has its own metrical pattern (syllabic and accentual) which is repeated in every stanza. According to the poet's commentary, this formal arrangement corresponds to the following thematic structure:

Part One: Consciousness Facing Tradition. The Vehicles of Freedom: Poet and Consciousness (Psalm I), and Poet and Language (Psalm II). Birth and sanction of the concepts Liberty and Language (Ode a), The Confrontation of Evil (First Reading), and Fortitude (Ode b), concepts which demand virtues such as Frugality (Psalm III) and Pride and Rebellion (Psalm IV), that is, the Pillars of the Native Land, with full awareness of the consequences, which are Solitude (Ode c), Struggle (Second Reading), and Sacrifice (Ode d) and which make the conscious man turn to deeper elements, that is, the Guardians of Tradition: The Mountain (Psalm V) and The Sea (Psalm VI).

Part Two: Consciousness Facing Danger. The External Danger: The Enemy (Psalm VII) and The "Protectors" (Psalm VIII), who seek to alter human authenticity and lead to The Quest for the Soul (Ode e), The Heroic Deed (Third Reading), The Invocation of Justice (Ode f) and to the Intelligible Sun, so that the consciousness may rise over those who are The Erring Bourgeois (Psalm IX) and The Decadent Young (Psalm X), that is, The Internal Danger, and who constitute the image of the present world, which is made equally of Beauty and Misery (Ode g), Greatness and Martyrdom (Fourth Reading), and Elation and Tears (Ode h), the present world of perverted Western Christian civilization which must be exorcised by new weapons: The Gospel of Pure Water and Poetic Speech (Psalm XI) and the other Cross consisting of the Trident and the Dolphin (Psalm XII), that is, the Natural Greek Symbols.

Part Three: Consciousness Surpassing Danger. Physical Metaphysics: The Beatification of the Senses (Psalm XIII) and The Reinstatement of the Senses (Psalm XIV), which, for another future, emerge as Oracles from the Barren Rock (Ode i), Teachings from the Fires of Destruction (Fifth Reading), and Voices from the Blood of Love (Ode j), and which reach The Comparison with the Deity (Psalm XV) and The Denial of Fate (Psalm XVI), that is, The Surpassing of Death, through the vehicle of the one who is The Poet as Monk of Bodily Vigor (Ode k), The Poet as Modern Prophet (Sixth Reading), and The Poet as Evangelist of a Transcendental Country (Ode l), which is the present country reached after the fulfillment of the "void" of sacrifice and which has been realized through The Mutual Compensation of Good and Evil (Psalm XVII) and The Reidentification of Beauty and Justice (Psalm XVIII), that is, the Absolute Reality of the Spirit, Glory of the Poet and of Greece.

P. 29, l. 7
black shirts: The Italian fascists who invaded Greece in 1940.

152

P. 31, l. 25
Easter eggs cracking: According to a common Greek Orthodox custom, friends and relatives try to crack each other's colored eggs by striking the tip of one against the other.

P. 31, l. 28
the first words of the Hymn: The Greek National Anthem is based on the first four quatrains of "Hymn to Liberty" by Dionysios Solomos (1798-1857). The "first words" (strictly speaking, the first two lines, with some alterations and omissions) are quoted by Elytis in the last line of the Ode that follows.

P. 33, l. 5
the L and the Y: The original has "the E and the L," which are the first two letters of at least three pertinent words: "Ellas" (Greece), "Eleftheria" (Liberty), and "Elytis." Our equivalent applies only to the latter two, which are predominant in this context.

P. 33, l. 18
"The terrible edge of your sword": Quotation from "Hymn to Liberty" by Solomos (see note to p. 31, l. 28 above).

P. 35, the title
"The March Toward the Front": The First Reading is based on the poet's own experience as a lieutenant in the Greek-Italian war of 1940-41.

P. 35, l. 4
Khimara to Tepeleni: Himarë and Tepelenë are cities in southern Albania (or northern Epirus) that were occupied by the counterattacking Greek forces in the Albanian campaign of 1940-41.

P. 37, ll. 29-30
"Oi, oi, mana mou": Intimate Greek exclamation of pain and grief, addressed to one's own mother, whether present or absent.

P. 49, the title
"The Mule Drivers": This Reading is also based on the poet's experiences in the Albanian campaign of 1940-41.

P. 49, l. 3
Délvino, Saints Saránda, Koritsá: Delvinë, Sarandë, and Korçë are cities of southern Albania (or northern Epirus) that were occupied by the counterattacking Greek forces in the Albanian campaign.

P. 49, l. 4
biscuits: Substituted, here and below, for the "halva" of the original, which might convey to the non-Greek reader a wrong impression of exotic and luxurious *delicatesse* rather than of meager rations.

P. 49, l. 16
Zois: common Greek name suggesting the word "zoi," life.

P. 49, ll. 17-18
the five-fingered sign: Traditional gesture (the palm, with fingers spread, thrust out at a person or an object) expressing contempt or disgust and casting a spell of blindness.

P. 49, l. 20
Lefteris: Demotic form of "Eleftherios," a common Greek name suggesting liberty.

P. 53, l. 5
Master Builder: The reference here is not to Ibsen's play but to a Greek folk ballad in which the construction of the bridge of Arta is achieved only by a human sacrifice: the Master Builder's wife has to be buried alive inside the bridge.

P. 55, l. 5
Pindos . . . Athos: Two mountains of Greece embodying respectively the heroic and the spiritual tradition.

153

P. 55, l. 13
by his heel: Probably a reference to Achilles.

P. 57, ll. 23–25
Saint Kanaris . . . Saint Manto: Constantine Kanaris, Andreas Miaoulis, and Manto Mavrogenis were among the naval leaders of the Greek War of Independence (1821–28). They are here sanctified by the poet.

P. 59, l. 22
not even a fairy's glance . . . their speech: According to Greek popular tradition, any man meeting a fairy must be careful not to speak to her; if he does, he will turn dumb.

P. 61, l. 3
the fowl of the North and the beasts of the East: An allusion to the Italian, German, and Bulgarian invaders of Greece during World War II. The "fowl" probably telescopes the rooster's feathers of the Italian Bersaglieri and the German eagle.

P. 65, the title
"The Great Sally": A chronicle of the first public demonstration of the Greek Resistance, which took place in Athens on March 25 (Day of National Independence), 1942. The demonstrators were mainly students and war invalids.

P. 65, l. 9
with swollen feet: Because of the famine caused by the German and Italian occupation and by the blockade of the Allies.

P. 67, l. 1
Intelligible: Not visible, but apprehensible by the intellect.

P. 69, l. 14
in the lairs of Lycabettus: A steep hill at the residential center of Athens. On its southern slopes the homes of many wealthy Greeks and foreign residents form the cosmopolitan quarter of Kolonaki, where the poet himself now lives.

P. 71, l. 1
the young Alexandrians: The original can mean either "new" or "young." We have chosen the latter in view of the poet's unpublished commentary, in which he states that he is referring to the "decadent, pseudomodern young, who do not believe in anything and proclaim false revolutions."

P. 73, l. 14
the son of Haggith: Adonijah, son of Haggith and elder brother of Solomon, was put to death by his brother for having asked to be given Abishag the Shunammite for his wife. See I Kings 2:13–25.

P. 75, the title
"The Vacant Lot with the Nettles": This Reading chronicles a typical event of the latter days of the German Occupation in Athens: the outskirts of the city were constantly raided by the SS in an attempt to repress by terror the growing Resistance Movement.

P. 75, l. 2
Lefteris's neighborhood: Obviously a poor, working-class neighborhood, probably inhabited by refugees who came from Asia Minor in 1922. Lefteris (whose name suggests the Greek word for liberty) is almost certainly the same person who appears in the Second Reading.

P. 75, l. 13
the Man with the Hood: During the raids mentioned above, the Nazis were usually accompanied by a local Greek traitor, whose face was covered by a hood showing only his eyes.

154

P. 75, l. 21
the Great Foreigner . . . collar: The SS officer in command of the raid.

P. 83, l. 4
Mavroyeni fountain: On the Aegean island of Paros there are several public fountains attributed to the bounty of the Mavroyeni family. The most beautiful of these is dated 1777 and is situated near the market, close to the home of Manto Mavroyeni (whose name was invoked in Psalm VI; see note to p. 57, ll. 23-25). One might add, however, "that the family of Mavroyeni, closely connected with Paros and Mykonos, rose to eminence among those Greeks who served the Ottoman Empire in many high offices" (Eric Forbes-Boyd, *Aegean Quest* [London, 1970], p. 177).

P. 83, l. 17
Seljuks: The Turkish nomadic tribes that founded the Ottoman Empire. The original offers an eccentric spelling of the word, perhaps meant to convey the irony of a "refined" modern version of these primitive and fierce warriors.

P. 83, l. 18
Chagans (or Hagans): Byzantine word for the leaders of barbarian hordes that invaded the Empire from the East.

P. 83, l. 23
Dionysios Solomos: the poet to whom Elytis alluded in Psalm II and whom he quoted in Ode a (see note to p. 31, l. 28).

P. 83, l. 24
Alexandros Papadiamantis: Famous novelist and short-story writer (1851-1911) from the island of Skiathos (northwest Aegean). His work depicts, with subtlety and tenderness, the traditional customs and beliefs of the islanders, seen from a realistic yet intensely spiritual perspective.

P. 85, ll. 28-29
strike the Trident . . . cross it with the dolphin: Many neoclassical fountains in Greece are decorated with a relief showing a trident entwined by a dolphin. Whatever the original symbolism of this emblem may have been, it now seems to escape the average Greek. Elytis here (and in Psalm XVII) is trying to reconstitute the symbol in terms of its natural components, as a substitute for the Christian cross (which he sees as a symbol of sacrifice).

P. 89, ll. 24-25
Maistros . . . Graigos: Northwest and northeast winds.

P. 93, the title
"The Courtyard of Lambs": The Fifth Reading is a parable based on the experiences of the Greek people during the Civil War that broke out after the liberation of Greece (1944) and went on intermittently until 1949.

P. 97, l. 1
purple: The Greek word for purple (used here by Elytis as a verb) denotes a deep red color, a royal emblem, whereas the English conveys a shade between mauve and violet. We have tried to retain the image with as little distortion as possible.

P. 97, l. 4
Everlasting Rose: Traditional epithet for the Holy Virgin, with a pictorial counterpart in post-Byzantine icons.

P. 103, l. 17
Bucephalus: The legendary wild horse of Alexander the Great.

P. 105, l. 16
"Philips" and "Roberts": Names (the second most unusual in Greek) of "decadent" youths, according to the poet's commentary.

P. 105, l. 25
the colors of Hymmetus: This mountain has given Athens the name of the "violet-crowned city." In fact, the colors of Hymmetus vary considerably not only from season to season but also from hour to hour, and the famous violet is normally seen only for a few minutes, most clearly in winter at dusk.

P. 105, l. 26
Sikinos: An island of the Cyclades group.

P. 107, l. 2
Erechtheum: A temple on the Acropolis of Athens, famous for its colonnade of caryatids, that is, female figures used as columns to support the entablature.

P. 113, l. 11
The sign . . . dolphin: See the note to Psalm XII, p. 85, ll. 28–29.

P. 115, l. 9
Prince of Lilies: An allusion to the famous Minoan fresco in the Herakleion museum.

"The Gloria"
In the first edition of the Greek text, this section had the same title as the entire poem *("To Axion Esti"),* a circumstance which naturally caused some confusion, yet which also underlines the importance of this coda. Here again we have a strict formal pattern, though the lines are, as a rule, autonomous, and they are arranged into relatively simple groups of four, three, and two lines, sometimes loosely rhymed. The section is divided into three parts, of which the first and third are identical in structure: 6 quatrains + 1 triplet + 6 quatrains + 1 triplet + 5 quatrains + 7 couplets; the second part has a similar structure: 6 quatrains + 1 triplet + 6 quatrains + 1 triplet + 6 quatrains + 1 triplet + 5 quatrains + 7 couplets. Further metrical refinements, impossible to duplicate in translation, can be discerned in the original text *en face.* One should point out that the formal pattern of this section keeps it from degenerating into a random enumeration of things "worthy of praise." The triplets, for one, serve as thematic centers for the two quatrains that precede them, each time naming a different set of "basic species" (winds-islands; flowers-girls-ships; mountains-trees). Also, the couplets at the end of each part have a specific motif: in the first part, "hail" (addressed, according to the poet, "to the girl-child who will save the world and who personifies the poetic idea"); in the second part, "he" (which refers to the Poet); and in the third part, "Now" and "Forever" (the central motif of the poem).

P. 119, ll. 9–10
the Mermaid's hand | holding the schooner: Probably a reference to the popular Aegean iconography of the "Mermaid Madonna."

P. 121, ll. 5–7
Maistros . . . Tramountana: Popular names of winds, mainly used by seamen: Maistros (northwest), Levantes (east), Garbis (southwest), Pounentes (west), Graigos (northeast), Siroccos (southeast), Ostria (south), Tramountana (north).

P. 123, l. 9
the meltemi: Northern wind that appears in the eastern Mediterranean during the summer.

P. 123, ll. 13–15
Sifnos . . . Sikinos: Of the islands named here, Thasos is in the northeast Aegean; Sifnos, Amorgos, Santorini, Ios, and Sikinos belong to the Cyclades; Alonnisos to the northern Sporades; Ithaka to the Ionian islands; Kos to the Dodekanese.

P. 123, l. 16
Myrto: The same name occurs in the Sixth Reading ("young Myrto, the whore from Sikinos") and again below, among the names of girls belonging to the poet's "personal mythology," as he phrases it in his commentary.

156

P. 125, l. 5
Hera of the tree's ancient trunk: An allusion to Hera's attributes of Mother Earth and goddess of fertility and vegetation.

P. 125, l. 8
Kyra-Penelope: A deliberately ambiguous reference to both the faithful royal wife of Odysseus and any modern peasant woman bearing the same name.

P. 125, ll. 13–14
remembrance day . . . Julitta: July 15. Probably a date connected with the poet's "personal mythology."

P. 127, l. 8
Serpent's belt of stars: The reference is to the constellation named Serpent.

P. 131, l. 10
Mnisareti: A girl depicted in a famous ancient tomb-relief, found in the Keramikos cemetery of Athens and now in the Munich Glyptothek.

P. 133, l. 2
Aretousa: Princess and beloved heroine of a popular Cretan romance of the seventeenth century, *Erotokritos,* by Vicenzos Kornaros.

P. 133, ll. 3–4
"descending . . . tunic": The original quotes a fragment of Sappho (see Lobel-Page, *Poetarum Lesbiorum Fragmenta* [Oxford, 1955], fr. 54, p. 39).

P. 133, ll. 13–15
Ersi . . . Cynthia: According to the poet, all these names of girls belong to his "personal mythology."

P. 133, l. 17
Arignota: A name probably derived from Sappho (*op. cit.,* fr. 96, p. 78), where it is used as an adjective meaning "well known."

P. 135, l. 14
Hyperboreans: According to ancient Greek mythology, a legendary people living "beyond the north," in a peaceful and blessed country where the sun rose and set once a year.

P. 135, l. 16
Evadne: The wife, "faithful unto death," of Capaneus, one of the seven legendary champions who marched against Thebes to vindicate the rights of Polynices, son of Oedipus, against his brother Eteocles.

P. 135, l. 16
Nicothoa: An obscure mythological figure, also known as Aello or Aellopous, one of the Harpies ("Snatchers"), marine monsters personifying violent winds that snatch people away.

P. 137, ll. 8–9
Marina . . . and the demons: See the notes to "The Genesis," p. 13, ll. 23–24, and p. 21, l. 7; also the triplet listing the girls of the poet's "personal mythology," p. 133, ll. 13–15.

P. 139, l. 11
the Ion: This can mean either "the man from Ionia" or "the man named Ion." The former must be excluded, because Lesbos (Elytis's home island) belongs to Aeolia and not to Ionia. The latter can be a reference to the mythical patriarch of the Ionians (the people inhabiting Athens, most of the Cyclades, and the central part of Asia Minor) about whom Euripides wrote a play, or to a versatile poet from Chios (fifth century B.C.), or even to the imaginary rhapsode who discusses poetry with Socrates in Plato's dialogue.

157

P. 141, l. 3
the nine steps that Plotinus climbed: An allusion to Plotinus's *Enneads,* so called be-
cause each book of this mystical work is divided into nine chapters, progressing from
matter to soul, from soul to reason, and from reason to God.

P. 141, l. 4
the earthquake's chasm that filled with flowers: A direct quotation from Solomos (see
notes to Psalm II, p. 31, l. 28, and Ode a, p. 33, l. 18).

P. 143, ll. 5–7
Pindus . . . Ainos: Of the mountains named here, Pindus, Parnassus, Olympus, Tayge-
tus, and Athos are well known; less so, perhaps, are Rodopi (in Thrace), Tymphristos
(on the northeast mainland), Dirfys (on the island of Euboea), and Ainos (on the island
of Cephalonia).

P. 143, l. 19
Liyeri: Probably a reference to the folk song known as "Liyeri ston Adhi" (The Slender
Girl in Hades). The girl in question begs to be raised to the upper world in order to see
how her kin are grieving for her, only to learn that her kin are in fact not mourning for
her but enjoying life as usual.

P. 147, l. 10
Heraclitus . . . voice: A reference to the fact that this philosopher's words survive only
in fragments or aphoristic quotations.

OTHER BOOKS BY ODYSSEUS ELYTIS (in Greek)

Orientations
Sun the First
Heroic and Elegaic Song for the Lost Second Lieutenant of the Albanian
  Campaign
Six and One Remorses for the Sky
The Tree of Light and the Fourteenth Beauty
The Sovereign Sun
The Monogram
The "R"s of Eros
The Painter Theophilos
The Siblings

OTHER BOOKS BY THE TRANSLATORS

EDMUND KEELEY

The Libation
Six Poets of Modern Greece (with Philip Sherrard)
The Gold-Hatted Lover
Vassilis Vassilikos: The Plant, the Well, the Angel (with Mary Keeley)
George Seferis: Collected Poems, 1924–1955 (with Philip Sherrard)
The Impostor
C. P. Cavafy: Passions and Ancient Days (with George Savidis)
Modern Greek Writers (editor, with Peter Bien)
C. P. Cavafy: Selected Poems (with Philip Sherrard)
Voyage to a Dark Island
C. P. Cavafy: Collected Poems (with Philip Sherrard and George Savidis)

GEORGE SAVIDIS

For Seferis: A Symposium (editor)
C. P. Cavafy: Poems, 1886–1933 (editor)
Angelos Sikelianos: Lyric Life (editor)
The Editions of Cavafy, 1891–1932
K. G. Kariotakis: The Complete Poems (editor)
C. P. Cavafy: Unpublished Poems, 1882–1923 (editor)
A. Valaoritis: Photeinos (editor)
C. P. Cavafy: Passions and Ancient Days (with Edmund Keeley)
George Seferis: Poems (editor)
Against the Current
C. P. Cavafy: Collected Poems (with Edmund Keeley and Philip Sherrard)

PITT POETRY SERIES

Adonis, *The Blood of Adonis*
Jack Anderson, *The Invention of New Jersey*
Jon Anderson, *Death & Friends*
Jon Anderson, *In Sepia*
Jon Anderson, *Looking for Jonathan*
John Balaban, *After Our War*
Gerald W. Barrax, *Another Kind of Rain*
Michael Culross, *The Lost Heroes*
Fazıl Hüsnü Dağlarca, *Selected Poems*
James Den Boer, *Learning the Way*
James Den Boer, *Trying to Come Apart*
Norman Dubie, *Alehouse Sonnets*
Odysseus Elytis, *The Axion Esti*
John Engels, *The Homer Mitchell Place*
Abbie Huston Evans, *Collected Poems*
Brendan Galvin, *No Time for Good Reasons*
Gary Gildner, *Digging for Indians*
Gary Gildner, *First Practice*
Michael S. Harper, *Dear John, Dear Coltrane*
Michael S. Harper, *Song: I Want a Witness*
Samuel Hazo, *Blood Rights*
Samuel Hazo, *Once for the Last Bandit: New and Previous Poems*
Samuel Hazo, *Quartered*
Shirley Kaufman, *The Floor Keeps Turning*
Shirley Kaufman, *Gold Country*
Abba Kovner, *A Canopy in the Desert*
Larry Levis, *Wrecking Crew*
Tom Lowenstein, Tr., *Eskimo Poems from Canada and Greenland*
Judith Minty, *Lake Songs and Other Fears*
Belle Randall, *101 Different Ways of Playing Solitaire and Other Poems*
Ed Roberson, *Whey Thy King Is A Boy*
Dennis Scott, *Uncle Time*
Herbert Scott, *Disguises*
Richard Shelton, *Of All the Dirty Words*
Richard Shelton, *The Tattooed Desert*
David Steingass, *American Handbook*
David Steingass, *Body Compass*
Tomas Tranströmer, *Windows & Stones: Selected Poems*
Alberta T. Turner, *Learning to Count*
Marc Weber, *48 Small Poems*
David P. Young, *Sweating Out the Winter*